MARIO VANNUCCI

LA MENTE PRÓSPERA Y EL ARCÁNGEL
URIEL

Diseño e ilustración de portada: Ramón Navarro
Fotografía de autor: Erik Rivera
Diseño de interiores: Jorge Romero

© 2012, Mario Vannucci

Derechos reservados

© 2012, Editorial Planeta Mexicana, S.A. de C.V.
Bajo el sello editorial DIANA M.R.
Avenida Presidente Masarik núm. 111, 2o. piso
Col. Chapultepec Morales
C.P. 11570 México, D.F.
www.editorialplaneta.com.mx

Primera edición: julio de 2012
ISBN: 978-607-07-1244-9

Impreso en los talleres de Litográfica Ingramex, S.A. de C.V.
Centeno núm. 162, colonia Granjas Esmeralda, México, D.F.
Impreso y hecho en México – Printed and made in Mexico

Índice

En un lugar en Oriente había una montaña muy alta que tapaba la aldea con su sombra. Por eso los niños crecían raquíticos. Una vez, un viejo, el más viejo de todos, cogió una de esas cucharitas chinas de porcelana y salió de la aldea. Los otros le dijeron:

—¿A dónde vas, viejito?
—Voy a la montaña.
—¿Y a qué vas?
—Voy a mover la montaña.
—¿Y con qué la vas a mover?
—Con esta cucharita.
—Jajaja, nunca podrás.
—Sí, nunca podré, pero alguien tiene que comenzar a hacerlo.

Cuento popular zen

Prólogo

Te preguntarás por qué una actriz escribe un prólogo sobre un libro de metafísica. La respuesta es simple: porque la metafísica influye sobre todas las actividades de los seres humanos. Además, porque los Siete principios de los que habla Mario en este libro son una gran herramienta de autoconocimiento aplicable en nuestra vida cotidiana.

Por otra parte, esta obra te brinda las pistas necesarias para fortalecer los vínculos entre la mente, el cuerpo y el espíritu, para vivir aquí y ahora. Nos enseña que las cosas tienen su tiempo y su espacio, que están conectadas entre sí por medio de la energía que lo genera todo, en fin, que todos somos uno y que debemos restablecer esa conexión para mejorar y evolucionar.

Al leer estas páginas comprendemos que la verdadera prosperidad inicia cuando uno ama lo que hace. He aprendido de Mario que si no hay pasión no hay ganancia, y eso es fundamental. Este conocimiento se puede reflejar en cualquier profesión, oficio o actividad que desempeñes.

Si logras dominar estos Siete principios herméticos te convertirás en un ser poderoso. Lo importante es practicarlos y aplicarlos, que no se queden en el papel, sino que aceptes el compromiso de traducirlos a tu vida y volverte un maestro. Lograrás ser una persona más próspera y feliz, capaz de hacer cambios reales en tu existencia. Todo esto significa darse cuenta de que la mente atrae lo que piensa, y que no basta con repetirse una letanía de decretos, si uno no está convencido de ser "el dueño del universo"; si no creemos en nuestra capacidad de cambiar el entorno a partir de nuestra manera de pensar, no hay avance y no hay prosperidad. Debemos despertar diariamente con pensamientos positivos, agradeciendo a la vida por cada prueba que nos coloca enfrente; entender que Dios no envía castigos sino lecciones, y que depende de nosotros aprovechar cada una de ellas.

Otro aspecto muy importante que encontré en las palabras de Mario, y que me impactó verdaderamente, es la necesidad de permitir que la creatividad fluya en nuestro ser, que no paremos de crear, imaginar y visualizar una vida mejor. Cuando entendemos esto, comprendemos que nadie más puede contar nuestra propia historia, que somos los autores de nuestra existencia y que mientras más concientes estemos de este poder, dejaremos de quejarnos, de guardar resentimientos frustraciones.

La fe es muy importante, nuestra familia la sociedad nos heredan el miedo como un mecanismo de sobrevivencia, pero si logramos cambiarlo por fe como un acto de alquimia, tomamos las riendas de nuestro destino. De ahí la importancia de los ángeles y su influencia. Si los aceptamos como seres espirituales, como mensajeros de la vida, los convertimos en nuestros aliados para la construcción de nuestra realidad. Entender que establecemos comunicación con ellos desde nuestro interior nos da la certeza de su poder y su capacidad de ayudarnos a tomar las mejores decisiones para avanzar. Por ello es que la figura del Arcánel Uriel nos sirve como recordatorio, como "amuleto" para aceptar ese pacto que tenemos con nosotros mismos de prosperar y de obtener lo que realmente necesitamos, en todos los sentidos.

La prosperidad, como bien lo aclara Mario Vannucci, no es solamente poseer el coche más caro o la carrera más respetada: se trata de vivir integralmente con salud, amor y creatividad. Si todos somos uno, es necesario estar conectados entre nosotros, a pesar de que la sociedad nos diga que tenemos que hacerlo solos; no se puede tener prosperidad si vivimos con egoísmo, exigiéndonos las cosas materiales que creemos que nos dan estabilidad y prestigio, y castigándonos por no conseguirlas.

Ante ti tienes más que un libro, se trata de un manual de autoanálisis para ver qué haces bien y qué puedes mejorar para alcanzar la felicidad.

Sabernos dueños de nuestro destino no debe llenarnos de pánico e inseguridad; al contrario: debe brindarnos la posibilidad de dar lo mejor de nosotros, de conectar nuestros pensamientos y sentimientos con nuestra intuición para conocer el camino que debemos seguir.

La verdad está en nuestro espíritu. Es como guardar un tesoro con la llave en la mano.

Patricia Reyes Spíndola

Introducción

Mi primer encuentro con la metafísica tuvo lugar cuando recién cumplí los catorce años, durante un viaje a la casa que tenía mi familia en la playa de Boca de Aroa, en Venezuela. Ese era mi lugar favorito, allí desemboca uno de los ríos más caudalosos de mi país: el Aroa; desde la entrada de aquella casa de madera se podía contemplar el encuentro entre el caudal del río y el imperioso mar. Recuerdo cómo disfrutaba caminar alrededor de la propiedad, asomarme por los grandes ventanales para tener diferentes perspectivas de ese espectáculo natural, recorrer esa hermosa playa, jugar con los caracoles y hacer castillos de arena.

Una de mis actividades favoritas mientras estaba allí, era recostarme en una de las hamacas que colgaban de los cocoteros y perderme en el ruido que provenía del mar; me dejaba arrullar como un recién nacido; aún recuerdo esa brisa fresca y el sabor de la sal en mi boca; la textura de la arena en mis pies y en mis manos; la sensación del sol dorando mi piel mientras observaba con atención aquellos hermosos atardeceres. Es imposible olvidar la alegría de mis tíos cuando se reunían a bailar al ritmo de la Billo's Caracas Boys comerse su arepa con un agua de limón helada; o cuando se retaban unos a otros a jugar una partida de póquer. Era un grupo alegre, numeroso y vivaracho no podían faltar las serenatas románticas que se extendían hasta altas horas de la madrugada con lo mejor del repertorio venezolano, desde un son llanero hasta un bolero carabobeño. En medio de aquel nutrido grupo de familiares se encontraba alguien a quien admiraba y amaba con todo mi corazón: la tía Betulia; ella era una mujer inteligente, alta, de carácter fuerte; la cual renunció a formar su propia familia por procurarnos, a mi hermana y a mí, la mejor de las crianzas. Era la eterna colaboradora, chaperona, socia y cómplice de mi mamá, trabajaban juntas en la tienda de pasamanería que poseía mi madre en el centro de la ciudad, "La Cosmopolita", donde juntas eran las mejores amigas de los personajes más pintorescos y populares de Valencia.

La tía Betulia solía aprovechar esos viajes a la playa para leer. Siempre la recuerdo sentada en su enorme y vieja mecedora, acompañada de un cigarro, su wiski en las rocas y un libro. En una ocasión, mientras mi tía hacía una pausa en su lectura para ayudar a mi madre en la preparación de la cena, las cuales siempre resultaban verdaderos banquetes, mi tía dejó su libro por allí y yo sentí una gran atracción por él; no puedo explicar por qué fijé mis ojos en esa portada: "Metafísica al alcance de todos", de Conny Méndez, decía. Jamás había escuchado la palabra "metafísica", por eso mi curiosidad fue mayor y sentí necesidad de leerlo.

Tomé aquella publicación y, para evitar ser visto, me fui a un lugar apartado de los adultos para empezar la lectura. Betulia ni siquiera se percató de mi travesura, estaba toda embarrada de salsa de tomate en mitad de la preparación de una lasaña multitudinaria, como solo ella y mi madre sabían hacerla. Después de abrir el texto, las páginas con gran rapidez ante mis ojos, estaba escrito en un lenguaje sencillo, o al menos comprensible para un niño como yo, que ni siquiera me importó que no trajera ilustraciones. La lectura, según lo que podía comprender, prometía hacer cambios en la vida espiritual de las personas que pusieran en práctica los "ejercicios" y "decretos" que allí aparecían. A pesar de ser un material con contenido espiritual aquel pequeño libro no se parecía en nada a los escritos religiosos que nos ponían a leer los sacerdotes de mi colegio; en él se abordaba la vida espiritual como una creación personal e interna, no como algo que se ¿buscará? en el exterior, eso fue lo que más llamó mi atención.

De Conny Méndez, la autora, tampoco había escuchado anteriormente, pero después supe que era una artista venezolana que había aprendido estas enseñanzas de un grupo inglés llamado "El Puente de la Libertad". Esta agrupación era todo menos una secta o culto religioso, carecían de jerarquías, no utilizaban templos, no cobraban por sus enseñanzas, pero sabían seleccionar muy bien a sus alumnos y reunían a personas de diferentes disciplinas: las artes, las ciencias y las humanidades. Conny había regresado al país en los años setenta y logró consolidar un grupo de enseñanza que prometía formar maestros de metafísica capaces de transmitir su mensaje a las futuras generaciones.

Como es de suponerse, devoré el libro durante esas vacaciones; no fue una tarea sencilla porque tuve que aprender a tomarlo sin que mi tía Betulia llegara a sospechar, así que siempre mis lecturas estuvieron aderezadas con mucha adrenalina. A pesar de estar muy joven, pude reconocer, gracias al libro, que los seres humanos somos los cocreadores de nuestra vida. Descubrí que mi persona no era solamente aquella que se reflejaba en el espejo durante las mañanas mientras me arreglaba para asistir a clases; mi ser comprendía un cuerpo físico (ese que veo), un cuerpo emocional (ese que siente) y un cuerpo espiritual (ese que dirige), que juntos alcanzaban un balance perfecto si lograba hacer que los tres se correspondieran.

El libro de Conny Méndez también me abrió una puerta al conocimiento de los siete principios universales, que había descrito de forma sabia el gran Hermes Trismegisto muchos siglos atrás en su obra *El Kybalión*. Según estos, toda la creación estaba conformada por diferentes manifestaciones energéticas que provenían de una misma fuente, a la que algunos llamaban Dios o el Todo.

Esa fuente era la energía pura, la luz, y de allí se desprendían todas las que cosas que hay en el universo. Según Hermes, esos siete principios conforman la verdad y son la llave que abre la puerta hacia el interior del ser. Sin entrar en polémicas, puedo decir que estas leyes son el pilar de muchas creencias y tradiciones humanas

de diferentes culturas. No es pura casualidad su apari-
ción, eso da mayor sentido a su valor e impacto en la
vida.

Conozcamos cuáles son las leyes que ha creado el
Dios Padre-Madre Creador para que rijan al universo y a
los seres que se desarrollan en él, como ocurre en nuestro planeta Tierra y en cualquier otro. Estas leyes no
pueden ser evadidas como solemos evitar, a veces, las
leyes humanas gracias a tecnicismos o a compadrazgos.
Ellas actúan aunque las desconozcamos, se cumplen
inexorablemente y de forma impersonal. Por lo tanto,
es mejor conocerlas y alinearnos con ellas para lograr
vivir en paz y armonía con el Todo.

Conocer estos principios universales nos permite
continuar con nuestro crecimiento mediante la adqui-
sición de nuevos conocimientos. En la medida en que
conozcamos las leyes por las que se rige nuestro universo, las aceptemos y las pongamos en práctica, iremos
allanando el camino hacia la prosperidad integral, esa
que sabe manifestarse de forma simultánea en los cam-
pos material, mental y espiritual. No hay prosperidad
verdadera si falta uno de estos elementos. Estos siete
principios son:

1. El principio del mentalismo. "El Todo es mente; el
universo es mental". (*El Kybalión*).

Este era el primer principio sobre el que hablaba Conny,
haciendo referencia al *Kybalión*; según este, el universo
y todo lo que nos rodea es una creación de la mente,

esto explica la verdadera naturaleza de la energía, de la fuerza y de la materia, y el cómo y el porqué todas están subordinadas al dominio de la mente. "Pensar es crear", por lo tanto, las cosas no son lo que parecen, sino como las pensamos. "Donde pones tu mente allí estás tú. En aquello que piensas en eso te conviertes." Cuando dormimos nada existe, solo aquello que se manifiesta a través de los sueños, los cuales son una creación de la mente misma. Comprender esto es darse cuenta de que la "creación" es algo que construimos juntos, por lo que podemos cambiar lo que nos rodea si modificamos nuestra forma de pensar.

Si tu mente siempre piensa cosas negativas, lo único que estarás creando a tu alrededor será problemático y doloroso. Mientras mantengas tu atención y pensamientos en ese tipo de situaciones, te verás más inmerso en los problemas. Nadie ha dicho que sea sencillo evitar ser pesimista frente a los conflictos personales, pero si tenemos la conciencia y la disciplina de cambiar ese tipo de actitudes fatalistas y nos enfocamos en mandar nuestras mejores energías saldremos victoriosos. El gran psicoanalista Carl Jung lo dijo de una forma genial: "A lo que te resistes, persiste". Sin embargo, si no tenemos control de nuestros pensamientos, les voy a dar una poderosa invocación que nos ayudará en nuestro deseo de mejorar:

Divina Presencia: Yo Soy en mí, te amo, te bendigo, te saludo y te pido que tomes el mando de mis pensamientos, de mis palabras, mis sentimientos y mis emocioncs. Mantén tu dominio hasta que se manifieste su perfección.

Gracias.

Puedes repetir esta invocación tantas veces como sea necesario, hasta que sientas paz y tranquilidad en tu corazón. Además, te ayudará a tener control sobre todos tus pensamientos, sentimientos y palabras, de manera que te alejes no solo de los pensamientos negativos, sino de aquellos que sean agresivos contra ti mismo y contra los demás.

2. El principio de correspondencia. "Como arriba es abajo, como abajo es arriba". (El Kybalión)

Esta fue una de las leyes que más llamó mi atención porque afirma que existe una correspondencia entre los principios universales y los fenómenos de la vida. Más adelante, en mi edad adulta, cuando entré a la astrología, fue gracias a este principio que pude analizar una carta astral por primera vez; el papel me mostraba lo que ocurría arriba y, analizándola podía interpretar cómo los movimientos de los astros incidían en nuestras vidas debido a esta misma ley. Es así como el principio de correspondencia es el que nos permite a los hombres razonar inteligentemente para pasar de lo desconocido a lo conocido.

No hay nada que se haya inventado o creado en la Tierra que no haya sido primero inventado o creado en los Cielos. El conocimiento nos llega porque algún ser humano canaliza la información que recorre la atmósfera, se apropia de ella y luego se cree un genio inventor, compositor, pintor, escritor, etcétera.

En Latinoamérica somos amantes de los refranes; yo siempre los uso, los aprendí desde niño en casa. Precisamente hay uno que viene a mi mente cuando pienso en esta ley descrita por Hermes Trismegisto, que dice: "Por la víspera, se saca el día".

3. El principio de vibración. "Nada está inmóvil; todo se mueve; todo vibra". (*El Kybalión*)

Hace cientos de años, los antiguos maestros egipcios llegaron a una conclusión: en el universo todo está en movimiento en un eterno fluir. Esta ley explica las distintas manifestaciones de la materia, la fuerza de la mente y los pensamientos incluso la evolución del espíritu. Bajo este principio podemos catalogar en una escala los diferentes grados de conciencia y vibración de los individuos. Conny Méndez me permitió entender que la energía de nuestros pensamientos y deseos es capaz de materializarse, de atraer lo que es afín a ella, por eso nos convertimos en lo que soñamos si nos concentramos en lograrlo.

Recuerdo que mi padre, un inmigrante italiano en la Venezuela de los años cincuenta era un amante de la buena vida, un sibarita que no escatimaba en complacer los gustos de su familia. Cuando mi madre solía cuestionarle algún gasto, él le devolvía una mirada pícara y decía: "Tranquila, Gloria, ¡Dios proveerá!", y no se equivocaba, pero eso cerraba su frase con su característica sonrisa de satisfacción que tanto me agradaba. Uno siempre está y busca estar con aquellas personas que tienen un nivel vibratorio similar al nuestro. Ese es el verdadero gancho o imán que puede unirnos a ellos, es la única forma de sentirnos bien cuando estamos con otros.

Jamás podríamos ser grandes amigos de personas que no tengan una vibración similar a la nuestra. Es también por esta razón que muchas veces cambiamos de amistades cuando entramos de lleno en nuestro camino de evolución espiritual; nuestras vibraciones se elevan y eso nos impide seguir siendo felices al lado de quienes fueron nuestros grandes amigos en otro momento.

Cuando quieras buscar pareja, primero crece como ser humano con la ayuda de la amada Presencia para que, por ley de vibración, esa persona que venga a tu vida sea compatible contigo. No puedes aspirar a conquistar a un príncipe o a una princesa, espiritualmente hablando, si tú eres un mendigo. Crece, evoluciona y busca después a ese amor que tanto anhelas. Esto se aplica a todo en la vida.

Otra ventaja del conocimiento del principio de vibración, así como de acceder a un nivel de conciencia superior con la ayuda de la amada Presencia es que podemos hacernos inmunes a niveles de conciencia y vibración inferiores, como la envidia, el odio o "mal de ojo", como se le conoce popularmente. Cuando te elevas por arriba de ese nivel inferior de energía pasas por encima de la maldad humana. Ese es el mejor y más poderoso amuleto que puedas adquirir. Sin embargo, es necesario tener en cuenta que, para mantener el alto nivel vibratorio, hace falta el control de nuestras palabras, pensamientos, sentimientos y emociones; debemos evitar la violencia y la agresividad porque este tipo de conductas nos bajan el nivel vibracional, y nos hacen vulnerables a todo lo negativo que nos rodea.

4. El principio de polaridad. "Todo es doble, todo tiene dos polos; todo, su par de opuestos: los semejantes y los antagónicos son lo mismo; los opuestos son idénticos en naturaleza, pero diferentes en grado; los extremos se tocan; todas las verdades son semiverdades, todas las paradojas pueden reconciliarse". (*El Kybalión*)

Mi madre tenía la costumbre de resolver los problemas escuchando siempre las dos versiones de una misma historia; decía que nada pasaba por casualidad. "¡Cuando el río suena, agua lleva!", era su respuesta. Las cosas no son ni buenas ni malas, se caracterizan por la intensidad e intención con que se realizan. Hacer ejercicio es muy bueno y recomendable para la salud, pero el exceso es nocivo también.

Gracias a este principio podríamos afirmar que la luz y la oscuridad, el amor y el odio, las fobias y los deseos, la paz y la guerra, son todos la misma cosa. Comparten el mismo origen y solo se diferencian en el grado de manifestación. Así como puede manifestarse este plano en lo físico, lo podemos experimentar en los planos mental, emocional y espiritual. Aquí la importancia de la transmutación que tanto nombran los maestros.

Se debe equilibrar todo lo negativo hacia lo positivo. Transmutar es tener la capacidad de pasar una situación del plano negativo al positivo, usando su misma fuerza. Algo así como las artes marciales, donde en realidad uno se defiende utilizando la fuerza del otro. La perfecta comprensión de esta ley es la que permite cambiar nuestra propia polaridad e influir sobre la de los demás, si uno se toma el tiempo necesario y es disciplinado lo puede lograr. Debe haber equilibrio entre lo material y lo espiritual.

5. El principio del ritmo. "Todo fluye y refluye; todo tiene sus periodos de avance y retroceso, todo asciende y desciende; todo se mueve como un péndulo; la medida de su movimiento hacia la derecha es la misma que la de su movimiento hacia la izquierda; el ritmo es la compensación". (*El Kybalión*)

Comprender este principio no fue una tarea sencilla. Cuando mis padres sucumbieron al cáncer, me pregunté mil veces por qué me ocurría eso a mí. Tenía 24 años, una hermana más pequeña que cuidar, recién había terminado mi carrera y empezaba a dar mis primeros pasos en la televisión. Las responsabilidades y las deudas que enfrentaba, gracias a la deslealtad de los socios de mi padre, me hicieron creer que tenía la batalla pérdida. Hacía tiempo que me había alejado de la espiritualidad y las cosas no salían como planeaba.

Pero como las casualidades no existen, el día del sepelio de mi padre me reencontré con la madre de un excompañero de preparatoria: la maestra Mercedes de Gutiérrez. Esta mujer, que había dedicado su vida al estudio de la biología, la mineralogía, la petrografía, y quien a su vez, sirvió a la Iglesia católica como maestra de Biblia, era la última alumna preparada por el grupo fundado por Conny Méndez, allá por los años setentas. Como buena científica, Mercedes lo analizaba todo con microscopio, sobre todo las afirmaciones de Conny, y volcó su vida a la metafísica porque comprobó que este "estilo de vida" se sostenía muy bien en el marco de la ciencia, a diferencia de la religión, a la que había servido tantos años atrás y que siempre cuestionó su afán investigativo.

Ese encuentro marcó un cambio en mi vida; me acerqué nuevamente a la metafísica, pero no como aquel niño que tomó un libro a hurtadillas para leerlo, sino cuando me encontraba preparado espiritualmente para acercarme a este conocimiento. Recuerdo el tono entusiasta con el cual la maestra Gutiérrez me decía: "Cuando el alumno está listo, aparece el maestro, porque los conocimientos solo funcionan cuando se transmiten de boca a oído". Nos reuníamos cada domingo en un parque de la ciudad de Valencia, en Venezuela, al cual lo atraviesa el río Cabriales. Por azares del destino, allí estaba yo, junto al fluir del agua, recibiendo nuevamente la información que había conocido antes en otro momento, pero junto al agua. El universo a veces escribe entre líneas.

Entonces, como puedes ver, toda la vida es rítmica: "día-noche, noche-día", indefinidamente; "primavera-verano-otoño-invicrno, primavcra-vcrano-otoño-invierno", constantemente; "nacer-morir, nacer-morir" durante eones de tiempo. Si eres sabio, aceptarás el ritmo de la vida y fluirás con él para no sufrir consecuencias.

6. El principio de causa y efecto. "Toda causa tiene su efecto; todo efecto tiene su causa; todo sucede de acuerdo con la ley; la suerte no es más que el nombre que se le da a una ley no conocida; hay muchos planos de casualidad, pero nada escapa de la Ley". (*El Kybalión*)

La repentina muerte de mis padres me permitió entender este principio. Al verme solo frente a toda esa responsabilidad, decidí consultar con una astróloga mi situación. Para mi sorpresa, el día de la lectura de mi carta astral, Marisela Escalante, quien era la directora del Centro de Estudios Astrológicos de Venezuela, y después de ver mi plano astral me hizo una propuesta: transmitirme sus conocimientos astrológicos porque, según ella, en mi carta se veía mi vocación por el estudio de los astros. Es así como aprovecho esa situación y por medio de la astrología logré sacar a mi hermana y a mi a tía adelante. Como dicen por ahí: "No hay mal que por bien no venga".

Este principio es a su vez la solución para ascender a otros niveles de conciencia y si somos capaces de elevar nuestros pensamientos e ideales y no nos dejamos manipular por los deseos de otros, seremos capaces de mejorar nuestro entorno. Sólo cultivando el pensamiento positivo plantaremos las causas de efectos mejores.

Aquí entra en juego algo muy importante: nuestro libre albedrío, ese derecho divino que proviene de la fuente y nos da la libertad de hacer lo que queramos, pero no debemos olvidar que toda acción es una causa en sí misma, así que no nos quejemos de los efectos de nuestros propios actos. El libre albedrío nunca ha sido sinónimo de libertinaje. Recuerda que si te cuesta aceptar y aprender estas lecciones, siempre tienes la posibilidad de acudir a tu divina Presencia para que te ayude, de la siguiente manera:

> Divina Presencia, Yo Soy en mí, te amo, te saludo y te bendigo, te pido que tomes el mando de estos sentimientos y emociones que amargan y me atormentan, muéstrame el aprendizaje que existe en esta experiencia y dame la fortaleza y resignación que necesito para aceptarlo y superarlo.
>
> Gracias.

7. **El principio de generación.** "La generación existe por doquier; todo tiene su principio masculino y femenino; la generación se manifiesta en todos los planos". (*El Kybalión*).

Este último postulado fue el que más conmocionó mi creencia religiosa, según la cual Dios era un hombre en los cielos que regía nuestras vidas; está visión tan humanizada y sexista dio paso a una comprensión de la fuente del Todo como algo que poseía ambas fuerzas: la femenina y la masculina. Esa visión de un Dios Padre-Madre se me antojó más natural y equilibrada. Lo otro es solamente una forma carnal de ver el Todo, la generación, la cocreación y la regeneración no deben ser analizados solamente a la luz de la sexualidad. Deben ser vistas como una energía, una fuerza completa capaz de reorganizar el mundo a nuestro alrededor; asumir nuestro papel de cocreadores es una responsabilidad mayor.

De esta manera, tenemos por un lado al sol, el cual produce energía solar para todo lo que existe; la vegetación verde produce el oxígeno que nosotros necesitamos para vivir el hombre se reproduce y crea formas, ideas, pensamientos, y así sucesivamente. Si no generas nada, estás desperdiciando tu existencia, estás yendo contra una de las leyes más universales que existen, una ley que rige no sólo a los mundos como el nuestro, sino también a los mundos sutiles. Es en este punto de la cocreación donde entran en juego los Ángeles, esos mensajeros que utiliza la fuente creadora del Todo para intervenir en las cosas. Este libro se centrará principalmente en el papel que juega el arcángel Uriel dentro de la búsqueda de la prosperidad por parte de nosotros los hombres. Cambia y comenzarás a alinearte con el plan divino para el universo.

Hoy doy gracias al Todo "por" haberme permitido acercarme a este saber, el cual puede ser visto como un estilo de vida donde lo más importante son "las rectas relaciones humanas". Por eso he decidido hacer mi aporte con este libro; en él podremos conocer algunas fórmulas y recetas para llevar una vida más próspera. No me refiero sólo al carácter materialista de este concepto, sino a la perfecta relación entre cuerpo, mente y espíritu.

Espero que este manual le sirva de provecho a muchas personas y signifique un cambio tan importante como lo ha sido para mí. Ha llegado el momento de tomar tu cuchara y mover la montaña del cambio.

La divina Presencia

Es el representante de Dios en tu corazón; es un ser de gran evolución que, voluntariamente, decidió tomar una corriente de vida, es decir, resolvió tomarte a ti desde tu primera encarnación como hijo adoptivo. Es tu "Yo divino", Dios en ti, y decidió guiarte hasta que te conviertas en un Maestro Ascendiendo. Es decir, cada ser humano tiene su "divina Presencia, Yo Soy" individualizada, quien solo está deseando que tomes conciencia de su existencia para que la invoques y le pidas ayuda, de manera que pueda auxiliarte activamente cada vez que se lo solicites. Además, tú ayudas a tu magna Presencia cuando le solicitas cualquier cosa, porque ella te está sirviendo en cumplimiento de la ley del servicio y esto la eleva en su propio camino evolutivo, el cual no se detiene hasta que uno llega a reintegrarse a Dios Padre-Madre Creador.

Durante siglos, las diferentes religiones nos han creado la imagen de un Dios distante y humano, el cual se encuentra en una posición inalcanzable, pero que le permite ver todo lo que ocurre en nuestras vidas. Ese Dios puede comunicarse con nosotros por medio de un intermediario que, generalmente, es su descendiente humano y sobre el cual se fundamenta algún sistema religioso; o bien, podemos abrir un canal de comunicación con este, aceptando la entrada en nuestras vidas de "una partícula de su espíritu" por medio del sacrificio y la oración.

La metafísica nos ofrece un panorama diferente; parte del principio hermético de la vibración y sostiene que la fuente del Todo, a la que llamamos Dios, se manifiesta en todo lo que es (principio del mentalismo). Por lo tanto, el ser humano, como parte de esa energía creativa (principio de correspondencia), representa una expresión más de esa misma fuerza (principio de polaridad) y puede hacer uso de ella para cocrear con el universo (principio de generación). De ahí que no se pueda concebir a la raza humana como superior y aislada, sino como una pieza dentro de un gran engranaje: la máquina de la creación (principio del ritmo). Teniendo esta prueba a la mano, podemos decir que a esa energía que lo contiene y lo genera todo se le conoce en metafísica como la "divina Presencia", mientras que a su manifestación en la vida de los hombres se le llama la "amada Presencia de Dios, Yo Soy", la cual no es otra cosa que esa energía proveniente del Todo en acción.

Pero existe un obstáculo que no nos permite experimentar esa sensación de plenitud que nos brinda la Presencia: el ego, esa construcción mental que llamamos popularmente personalidad y que supuestamente nos hace únicos e irrepetibles. El ego no es ni bueno ni malo, según el principio del ritmo, ya que él es responsable de nuestra supervivencia como especie, nos ha permitido acumular el saber por medio de las ciencias, las letras y el arte. Pero también nos ha hecho matar a nuestros semejantes o cohabitantes por codicia e intolerancia. Así como el odio puede nacer del amor más profundo, el ego puede darte una identidad o bien hacer que te desconozcas a ti mismo. Es por eso que cuando logramos concentrarnos, ya sea por medio de la meditación u otras técnicas con esa fuente original, somos capaces de acallar nuestra mente. Es allí, en el silencio profundo del ser, donde podemos reencontrarnos con la "amada Presencia de Dios, Yo Soy". Es una sensación que se consigue con disciplina, paciencia y fe, pero si damos cabida al miedo perdemos esa conexión con la fuente del Todo, nos volvemos vulnerables y manipulables. Es allí donde fracasan las religiones, pues la mayoría de ellas confunden el miedo con la fe; "el creyente" es un individuo aislado de la fuente, "no la merece" y para acceder a ella debe renunciar a sus deseos y gobernarse por sus "deberes". Para alcanzar a su Dios, deberá seguir un camino largo y tormentoso. De esta manera, el miedo es utilizado para hacer la creencia más férrea.

Este aspecto constituye el objetivo de la metafísica: acceder a la fuente original que lo contiene Todo por medio de una conexión con tu ser interno; al darse esa conexión con el espíritu, permitimos la entrada de esa energía universal en nuestra vida y la manifestamos por medio de nuestros actos y palabras. No es necesario estar en constante oración, basta pensar en ella un momento para ver un cambio en nuestra actitud ante la vida. Es como alcanzar otro nivel de conciencia.

Desde el punto de vista físico, la divina Presencia se manifiesta como luz; si logramos refractarla, seremos capaces de apreciar los siete colores que conforman cada haz de luz y que en la metafísica se asocian con las siete virtudes del Todo y los siete arcángeles, a saber:

Azul   Fe   Rayo azul de San Miguel
Amarillo Inteligencia Rayo oro de Jofiel
Rojo   Amor   Rayo rosa de Chamuel

Blanco	Iluminación	Rayo blanco de Gabriel
Verde	Sanación	Rayo verde de Rafael
Naranja	Prosperidad	Rayo oro-rubí de Uriel
Violeta	Transmutación	Rayo violeta de Zadquiel

Si logramos una concordancia entre estas virtudes y nuestras acciones, por ley de causa y efecto podremos ver cómo empiezan a cambiar las cosas a nuestro alrededor. La divina Presencia se manifiesta en seres humanos por medio de nuestros actos y nuestras palabras; es por esto que hacemos tanto énfasis en hablar con impecabilidad, en ser conscientes de expresar nuestros pensamientos y deseos con las palabras más adecuadas, constructivas y amorosas posibles. Solo de esta forma estaremos obrando en una concordancia perfecta entre nuestros cuerpos físico, mental y espiritual; solo así seremos capaces de percibir el cambio que produce la Presencia en nuestro interior para ser capaces de atraer a nuestra vida la prosperidad integral.

Cuando hablamos de prosperidad integral nos referimos a la perfecta concordancia entre las siete virtudes y nuestro ser. Por ejemplo: no se puede experimentar la amada Presencia de Dios, Yo Soy, si solamente somos exitosos en nuestra vida profesional y no tenemos un amor que nos motive a seguir (ese amor puede ser una pasión, no se trata solo del amor de pareja). La salud también juega un papel muy importante en la existencia, ¿de qué sirve una vida próspera en el plano material si se carece de un estado físico óptimo?

Lograr ese balance es una disciplina diaria, un compromiso contigo mismo y con la fuente que lo contiene Todo, con esa energía universal que te llena de luz para que sepas graduar su fuerza y manifestarla en los diferentes aspectos que conforman tu diario vivir. Es como mantener encendida una llama que brilla en siete tonos diferentes e independientes, pero que debes hacer brillar con igual fuerza. Es acercarse a la fe, al Todo y a ti mismo; por otra parte, es alejarse del miedo que todo lo carcome y destruye. Esa es la diferencia entre el concepto religioso de "creación" y el de "cocreación" que propone la metafísica. Conocer la divina Presencia es acallar el ego, esa parte que cuestiona los hechos a la luz del miedo.

Cuando alcanzamos ese estado podemos afirmar que hemos vivido una "ascención a otro plano de conciencia", en el cual cualquier factor negativo que proviene del exterior pierde fuerza y es incapaz de afectarnos. Si lo viéramos como en una película de ciencia ficción, veríamos un campo luminoso alrededor nuestro capaz de protegernos, el cual se genera desde el interior y se abastece desde la fuente que contiene el Todo.

Algo muy importante es recordar que esa fuerza es incapaz de actuar si no somos nosotros quienes lo pedimos o permitimos. Muchas veces las religiones nos hacen creer que nuestras experiencias son acontecimientos orquestados por un Dios lejano, el cual decide el desenlace de cada uno y nos pone a prueba. En el caso de la metafísica, es tu actitud y disposición la que permite que esa amada Presencia se haga presente y te permite crear tu realidad haciendo uso del libre albedrío que te pertenece por derecho divino.

Para que el ser humano se pueda unir a la divina Presencia, debe poner mucha atención en ella y dedicarle parte de su rutina a invocarla y permitirle que sea ella la que obre para que puedas vibrar con una energía concordante con tus deseos y sueños más anhelados. No te enganches con circunstancias y tentaciones que te alejen de la amada Presencia, no des cabida en tu corazón a sentimientos nacidos del miedo y el rencor. Irradia esta potente energía a todo lo que te rodee. Verás cómo alcanzarás a sentir una paz interior muy sanadora.

Una vez que hemos aprendido a establecer una conexión con la amada Presencia, seremos capaces de aprender a ser muy agradecidos. La energía del agradecimiento proviene del amor más puro, el amor universal, una fuerza capaz de mover montañas y causar milagros. Cada vez que das las gracias, estás enviando bendiciones para que las cosas buenas de las otras personas se multipliquen y los llenen de abundancia y felicidad. No olvides siempre agradecer a la vida por cada día que te brinda, cada uno tómalo como una oportunidad para crecer. Sobre todo porque al establecer una verdadera conexión con la amada Presencia de Dios, Yo Soy, ella también sabrá darte no solo lo que deseas, sino lo que mereces; ser agradecidos con ella nos hará merecedores de mejores frutos.

Permite que la fuerza de la divina Presencia creadora de Todo lo que es inunde tu vida de su potente luz, que esos siete rayos entren por cada centro energético de tu cuerpo para cumplir con su misión: llenarte de fe, inteligencia, amor, iluminación, sanación, prosperidad y transmutación.

Que aprendas la maestría de transmutar lo negativo en algo floreciente y vibrante. Irradia a tu alrededor toda esa energía para que los demás reciban beneficios. Recuerda bañar tu trabajo material con la brillante luz oro rubí de la prosperidad para que todos tus seres queridos gocen de esa fantástica abundancia que tiene la fuente del Todo para ti.

El poder del universo está en la Presencia Yo Soy individualizada, es decir, la Presencia Yo Soy que existe en el corazón de cada corriente de vida. Ella responde al llamado de la persona que tiene a su cargo, actúa bajo sus órdenes. Mantener la atención en la divina Presencia nos lleva al triunfo definitivo hacia la ascensión a los planos superiores de conciencia. Es decir, mantener la atención permanente, ante toda actividad que realicemos, no importa lo que estemos haciendo exteriormente. La Presencia no está en un sitio distante, en el cielo, sino en tu corazón, donde es fácil contactarlo. Es la vida misma de cada persona, es la corriente de luz y energía, la pureza y perfección que inunda el corazón.

La energía de la Presencia hará que los cuerpos sean fuertes, sanos, y las mentes inteligentes y llenas de entusiasmo. La divina Presencia existe, nos cuida, nos protege y siempre contesta los llamados cuando no hay bloqueos de temor o de sentimientos negativos que impidan la comunicación. Quien está anclado firmemente en su divina Presencia de Dios, Yo Soy, es invulnerable c invencible a todo ataque exterior, de la clase que sea, nada lo puede tocar. No hay poder en el mundo capaz de oponerse a la luz de la Presencia; aunque caigas momentáneamente, te volverás a levantar y continuarás tu camino siendo más fuerte, más sabio y con una nueva visión de la vida.

Es un privilegio conocer la existencia de la poderosa Presencia Yo Soy, la cual muy pocos tienen. Es a través de ella que se logra la victoria final: la ascensión. La amada Presencia de Dios, Yo Soy, es nuestro padre adoptivo, el Dios amigo que siempre escucha a la corriente de vida que dirige y guía. Es una fuerza con la que se puede dialogar. A la vez, ella es parte del Todo, un fragmento del Dios-Uno, del Gran Sol Central, que se individualizó y evolucionó hasta llegar a ser la divina Presencia para servir a todo ser humano en proceso de evolución hacia su ascensión, pero su conciencia es una con el Gran Uno, Dios Cósmico Universal; por lo tanto, Dios mismo. Es la gran fuente y único poder.

A la Presencia solo le es permitido actuar cuando su hijo lo invoca, lo llama, ya que se respeta la ley del libre albedrío. La divina Presencia está dispuesta a darle a su hijo todo su poder, y sus atributos, si la persona se lo pide. Esto implica gratitud y amor hacia el Padre por todos los dones y bendiciones que son siempre regalos de amor.

Practicar la Presencia es reconocerla cada día, saludarla, bendecirla y darle gracias. Durante la contemplación hay que buscar la unidad e integración con el Padre. Se debe saber que al ser uno con Él todas las cosas son dadas y se realizarán maravillas en forma de "milagros".

Practicar la Presencia es dejarse conducir por las ideas y sugerencias que ella pone en tu propia mente, las cuales siempre son ideas buenas, positivas y geniales. No permitas que el intelecto te sabotee, el ego con su razonamiento pesimista cortará de inmediato la expresión del Divino poder.

Cada vez que aparezca una tristeza, una rabia, una decepción o un disgusto, debes estar consciente de que se cierra la conexión con la divina Presencia y quedas bajo el dominio del ego y su limitada capacidad de respuesta; solo la Presencia tiene el gran poder que puede ayudarte. Hay que mantener la armonía en los sentimientos, elevar la vibración y ampliar el nivel de conciencia con una comprensión mayor de la verdad. Cada vez que uno cae o falla, invoca a la magna Presencia para que vuelva a tomar el control tantas veces como sea necesario. Sin paz interna no hay nada.

Ocurre, a veces, que cuando pasan desgracias y sufrimientos, renegamos de Dios; la divina Presencia sabe lo que nos conviene, y pasamos ciertas lecciones, aprendizajes o pruebas, ciertos cambios o cuentas por saldar para purificarnos y elevarnos. Lo mejor es bendecir el bien que allí hay, hacer el tratamiento y soltar, con la interna convicción de que todo está en orden divino. Nunca se debe caer en rebeldía contra la Presencia.

¿Por qué la divina Presencia nos ayuda a alcanzar la prosperidad integral?

Porque la unión con ella permite el cambio voluntario del rumbo que lleva nuestra vida, dejamos que sea nuestra amada Presencia de Dios, Yo Soy, la que conduzca nuestra existencia, con lo cual evitaremos cometer errores nuevamente.

Mientras sea nuestro ego quien dirija nuestro camino en la vida, vamos cometiendo error tras error y no logramos llegar con facilidad a la prosperidad integral y, por ende, a la trascendencia. En el momento en que decidimos hacer el cambio y renunciamos a nuestro libre albedrío, entregándole el mando a la amada Presencia, la vida tomará el cauce que mejor le conviene. Ella siempre nos hará saber cuál es la respuesta correcta.

Una vez que realizamos esta unión voluntaria con la amada Presencia de Dios, Yo Soy, hemos realizado un matrimonio espiritual perfecto, el cual nos reportará grandes beneficios materiales, mentales, emocionales y espirituales. Si sabes ser paciente, la recompensa será incalculable.

¿Cómo se manifiesta e invoca a la amada Presencia?

Aquí te doy unas invocaciones para que comiencen a formar parte de tu vida diaria y constante. La mejor comunicación con tu divina Presencia es la que realizas ante cualquier problema o decisión que tengas frente a ti. No debes sentirte tonto o inútil; por el contrario, debes considerarte, extremadamente inteligente porque estás dejando que un ser sabio, bondadoso y que te ama como nadie tome las decisiones por ti, tus preocupaciones y te aligere la carga.

No olvides que al decir "Yo Soy la amada Presencia de Dios" estás invocando a la energía superior del universo, traspasas los límites de tu cuerpo espiritual y entras en contacto con la fuerza creadora del Todo, o sea, te acercas a Dios, asciendes. El poder del Yo Soy es sobrenatural, nos ayuda a desconectarnos del mundo material y de nuestra propia voluntad para aceptar con sumo agradecimiento los mensajes que nos envía el universo. Si nos dejamos colmar por esta Presencia, reflejaremos su poder en cada acción que realicemos en la vida.

"Divina Presencia, toma el mando de esto." La amada Presencia se podrá manifestar de distintas formas, desde pequeños acontecimientos que nos ayudan a resolver ciertos contratiempos que se nos presenten en la vida cotidiana, o bien, darnos señales claras sobre decisiones importantes que debemos tomar en el momento que pidamos su intervención.

Una forma de pedir ayuda a la amada Presencia es por medio de alguna invocación; una de las más poderosas es:

Amada y divina Presencia de Dios, Yo Soy, te amo…, te saludo…, te bendigo y te pido que tomes el mando de mis sentimientos y emociones de mi familia, de mi vida laboral, de mis obras, de mis acciones y de mis reacciones. Amada Presencia de Dios, Yo Soy, mantén tu dominio hasta que se manifieste tu perfección.

Gracias

Si no tienes a mano esta invocación, puedes crear las tuyas propias; trata de hacerlas en tiempo presente, debes ser explícito con lo que deseas, no titubees, incluso puedes usarla como una herramienta para agilizar tu vida y mejorarla. Por ejemplo, puedes empezar con cuestiones prácticas como invocar la ayuda de la amada Presencia para encontrar un puesto en el estacionamiento de un centro comercial o para que no haya mucha gente en el banco ese día que tienes que realizar una serie de pagos.

Aunque resulte gracioso, es más positivo arrancar el día decretando que todo saldrá bien y que podrás realizar tus actividades con éxito, en lugar de quejarte por todo. Hazlo un día, ponlo en práctica y verás los milagros ocurrir delante de tus propios ojos.

Cuando tengas que tomar una decisión importante con respecto a tu vida personal repite:

Amada Presencia de Dios, Yo Soy, toma el mando de esta situación y ayúdame a resolverla.

Gracias.

La palabra es una herramienta muy poderosa. Quiero mostrarte un ejercicio para comprender el alcance de nuestra palabra: pídele a alguien de confianza que te acompañe durante la realización de este ejercicio: dile a tu compañero que se ponga de pie y levante el brazo a una altura de 90 grados. Pídele que oponga resistencia en su brazo y trata de hacer que su brazo baje. Al ver la fuerza demostrada, pide ahora a esa persona que repita su nombre completo en voz alta, mientras ejerce fuerza sobre su brazo, intenta nuevamente hacerlo bajar para ver qué sucede. Antes de concluir, pídele que vuelva a elevar el brazo y que diga un nombre distinto al suyo. Mientras hace esto presiona su extremidad hacia el piso, verás cómo su brazo cede ante una mentira, las palabras son capaces de crear, transformar, darnos forma y sentido, pero, sobre todo, son capaces de sanar y ayudar.

¿Cómo reconozco la respuesta de la divina Presencia?

El trabajo constante con la divina Presencia te permitirá ir desarrollando el criterio adecuado para reconocer lo que realmente te conviene en cada episodio de tu vida. Sé paciente y actúa con mucha fe para poder recibir las respuestas que requieres. Lo único importante es estar abierto y alerta, de esa forma los resultados siempre te producirán mucha paz y tranquilidad.

La divina Presencia no se equivoca, y si crees no recibir algo que merecías cuando lo pediste, el tiempo será capaz de enseñarte que "lo mejor siempre es lo que pasa". Solo tienes que agradecer y bendecir ese momento para elevar tu alma sobre esa situación y sacar el mayor provecho posible.

No hay prosperidad verdadera sino te has unido primero a tu divina Presencia; es como un padre adoptivo que está allí, esperándote. Lo único que tienes que hacer es conectar cada uno de tus diferentes cuerpos (el físico, el mental y el espiritual), sentir cómo te llena la divina Presencia y decretar. Además, puedes visualizar lo que deseas si eres capaz de verlo en tu mente y sentirlo en tu corazón hay mayor posibilidad de que puedas generarlo o "precipitarlo", como se dice comúnmente entre los metafísicos. Sentir esa plenitud en tu vida es alcanzar el equilibrio entre lo espiritual y lo material.

A la hora de trabajar con la amada Presencia para pedir su intervención, los metafísicos sabemos muy bien que existen ciertas leyes que deben respetarse. Te invito a conocerlas para que puedas llevar unas "rectas relaciones humanas" con todos los que convives diariamente.

Ley del uno
Ley del servicio
Ley de la compensación
Ley de la evolución
Ley del libre albedrío
Ley de la obediencia
Ley de la perfección
Ley de sustitución

Ley del uno: "Uno con la amada Presencia y unido a los demás seres formamos la totalidad". Consiste en generar todo aquello que sea igual al Creador nuestro Padre por medio del amor divino. Cuando le hacemos un daño a alguien o a algo que integra la Creación, estamos causándonos ese daño a nosotros mismos. Hay que entender que Todo lo que Es está unido dentro de un gran engranaje que marcha de manera perfecta. La mayoría de las religiones fallan en este punto, ya que en vez de unir a la humanidad crean segregación y prejuicios a todos los que opinan diferente. En el justo instante en que alguien se integra al poder de la fuente de Todo lo que Es, se hace uno con esta energía y conoce el poder de crear esa realidad a su antojo; pero cuando estamos desconectados de esa fuerza, las cosas no marchan bien, todo cuesta más trabajo y no somos bien recibidos por nuestros semejantes. En síntesis, podemos decir que esta ley se refiere a la consigna cristiana que reza: "Ama a tu prójimo como a ti mismo", entendiendo como "prójimo" cualquier objeto de la Creación: una planta, un animal, un elemento, etcétera. Cumpliendo con esta ley alcanzamos la unidad perfecta del Todo.

Ley del servicio: "Todo debe prestar algún servicio al plan divino de Dios Padre-Madre Creador". Esta regla se refiere a despertar en cada uno de nosotros el espíritu de servicio. Nos pide cuestionarnos qué función cumplimos dentro de nuestra sociedad, ¿somos un motor de desarrollo o no prestamos ningún servicio? En el orden creado por el Todo, cada pieza tiene una función que le sirve a otros como se sirve a sí misma. No está de más preguntarse cuál es nuestra función y hacer algo al respecto si no encontramos algo que sea útil a las otras personas. El ser que desperdicia genera cierto karma personal y tendrá que pagar un alto precio por todo el tiempo desperdiciado.

Ley de la compensación: "Haz el bien para que compenses el mal que hayas podido haber hecho en el pasado y así librarte del karma y sus consecuencias". En la vida terrenal tenemos dos opciones para no pasar malos ratos: puedes aceptar pagar el karma que generen tus acciones o volcarte al bien para compensarlo. Cuando obras de buena manera, el universo sabrá premiarte o perdonar tus faltas anteriores; es una cuestión de prioridades, pero siempre tendrás el libre albedrío para escoger lo que consideres mejor para ti. Una vez que tomas conciencia de ello y decides liberarte de tus karmas, comienza a trabajar la ley de la compensación.

Ley de la evolución: "Todo cambia, mejora y se perfecciona a través del tiempo para, finalmente, alcanzar la perfección". ¿Qué estás haciendo con tu vida para alcanzar esa ansiada evolución? Recuerda que el trabajo diario con la amada Presencia ayuda a allanar el camino hacia una ascensión espiritual que es el fin mismo de la evolución de las especies. Hay que ser disciplinado en la búsqueda de la perfección.

Ley del libre albedrío: "Todos podemos escoger entre hacer el bien o el mal". La vida posee dos maneras de recompensar tus acciones: el darme y el karma. El primero de ellos es el premio que recibes por tus buenos actos, palabras e intenciones, mientras que el segundo es el castigo o ajuste de cuentas que la vida establece contigo para que pagues el precio de tus acciones. Tú eres el único responsable de esa elección. Antes de actuar, detente y piensa si estás causándole daño a alguien. Recuerda que el universo no tiene emociones, él ve las cosas como son y las registra, no admite excusas. Si aprendes a entregar el dominio de las cosas a la amada Presencia, obrarás con mejor intención y ayudarás a evitar los daños colaterales que puedas causar. Pídele a tu amada Presencia que conduzca tu vida hacia el bien y recibirás mucha paz, tranquilidad, felicidad, salud y prosperidad.

Ley de la obediencia: "Debes obedecer la voluntad del Padre, a través de tu divina Presencia, y a las leyes universales si quieres evolucionar y perfeccionarte". Llegó la hora de dar el mando a la divina Presencia de todo lo que hacemos. Debemos renunciar, voluntariamente, a actuar según nuestro Yo humano si queremos vivir en paz, armonía y prosperidad perfecta.

Ley de la perfección: "Todo debe avanzar por el sendero hacia la perfección para comenzar el camino de regreso al hogar de nuestro Padre". Nuestra única y verdadera meta dentro de la existencia es poder regresar al hogar de nuestro Padre, y esto solo se logra cuando damos el mando de nuestra vida a nuestra divina Presencia o Yo divino.

Ley de sustitución: "Nada ni nadie es indispensable en el camino de servicio a nuestro Padre, al Dios-Uno, todo puede ser sustituido por otro que preste mejor el servicio". No te apegues a nada porque lo que tienes puede ser cambiado por algo diferente. Debes ser flexible ante la realidad; muchas veces te quitan lo que más amas para enseñarte que no puedes atarte permanentemente a nada y que tienes que tener la capacidad de renunciar a ello o de sustituirlo.

La mente cocreadora

El principio del mentalismo nos enseña que "pensar es crear", que si ponemos atención en alguna invención de nuestra mente seremos capaces de reproducirla en la vida misma. Es como afirmar que cada vez que hablamos, pensamos y sentimos estamos creando. Esta ley nos da el poder y la capacidad de ser creadores como el padre. Es la energía mental o emocional con la cual cada quien alimenta sus creaciones, positivas o negativas; cada vez que piensa, siente y/o habla de ellas. Por ejemplo: si una persona está pasando por una situación económica muy complicada y solo concentra su atención en quejarse y lamentarse por su condición, las cosas irán empeorando día con día. Por el contrario, si a pesar de su pésima condición financiera siente, piensa y decreta solo pensamientos positivos, terminará mejorando su capacidad.

Nuestra mente es capaz de archivar solo imágenes y palabras, por esta razón cada vez que recordamos algún hecho nuestro cuerpo revive las emociones que sintió anteriormente y le hace creer al cuerpo que esa es la realidad. Esto explica el poderoso impacto que nos producen los sueños, los cuales nos hacen ver en nuestra pantalla mental situaciones que el cuerpo cree que se están suscitando en realidad. Por eso, sin duda uno de los poderes creadores más fuertes con que cuentan los hombres es su pensamiento, porque el primero plantea a razón de idea lo que proviene del plano etérico (la amada Presencia) y lo manifiesta o reproduce en el plano físico (realidad).

La afirmación que dice: "la mente atrae lo que piensa" o lo materializa es muy impactante, sobre todo si dedicamos la mayoría del tiempo a revivir sentimientos negativos o a engancharnos con situaciones destructivas. Las personas que viven en una queja constante causan la repetición innecesaria de eventos que reafirmen estos pensamientos o sentimientos. En otras palabras, no existen personas infelices, sino gente que solo acepta, proyecta y vive ese tipo de realidades.

Este principio del mentalismo tira al piso la idea religiosa de "los designios de Dios" y nos ubica en una posición de cocreadores con la fuerza que genera el todo. Desmitifica la imagen del Dios castigador que nos han vendido las religiones durante siglos y nos hace responsables por nuestros actos y por todo aquello que atraemos a nuestra vida y lo hacemos parte de nuestra realidad.

Por otro lado, cuando se nos presenta un problema en la vida cotidiana es muy difícil aceptar que esa situación fue generada por nosotros, pero debemos aprovecharla para poner a prueba nuestra fe. Realizar una suerte de alquimia mental y tratar de cambiar nuestros pensamientos, sentimientos y reacciones frente a los obstáculos que se presenten. Esa es la verdadera receta de la felicidad.

Aquí entran en juego los decretos y mis actitudes frente a las distintas circunstancias que plantea la vida; recordemos que somos una especie de costumbre y podemos reeducarnos para aprender a decretar solo pensamientos positivos. Por lo tanto, es necesario invocar la amada Presencia en cualquier momento y lugar para conectarnos con esa energía creadora y ser capaces de moldear nuestra vida y afectar positivamente la de los demás. No olvidemos que nuestro cuerpo es propenso a los apegos y a las adicciones, así que no es casualidad que haya personas que se sienten atraídas por los problemas, lo que puede convertirse en una actitud muy peligrosa y adictiva.

> Divina Presencia, Yo Soy en mí, te amo, te bendigo y te saludo. Te pido que tomes el mando de mis pensamientos para que a través de ellos se manifieste tu infinita perfección. Ayúdame a romper con las ataduras de pensamiento que no me dejan vivir plenamente.
>
> Gracias

Puedes repetir esta invocación tantas veces como sea necesario hasta que sientas paz y tranquilidad en tu corazón. Además, te ayudará a tener control sobre cualquier situación complicada a la que te enfrentes.

Para obtener los ansiados poderes cocreadores de la amada Presencia, lo primero que debe hacer el ser humano es la realización, es desarrollar la amada Presencia de Dios, Yo Soy. Los mayores obstáculos para alcanzarlos son la ignorancia y la apatía frente a estas fuerzas. La humanidad no logra comprender que gracias a la ayuda de su amada Presencia, y siendo un poco más humildes, comienzan a desarrollarse sus facultades internas, las cuales permanecen dormidas debido a su falta de información. La humanidad tiene la convicción de que estos poderes son "extraordinarios"; sin embargo, podrían formar parte de la vida cotidiana de todos.

Solo con la amada Presencia se pueden lograr cosas extraordinarias, en perfección y para bien de todos. Estos son solo una manifestación del Padre por medio de las personas que han desarrollado una mayor conexión con la fuente del Todo; entrar a la vida espiritual solo para "desarrollar poderes" es una cosa muy vana. Esas facultades llegan, normalmente, cuando el individuo entiende que el mayor logro espiritual es amar, bendecir a su Padre e integrarse en forma perfecta a El.

Los poderes cocreadores del hombre

Como pudimos analizar anteriormente, el hombre es capaz de cocrear con la amada Presencia su realidad; esta afirmación es muy clara en los textos bíblicos cuando se afirma que "estamos hechos a imagen y semejanza de Dios". Esta afirmación no se refiere a que tengamos un parecido físico con él, sino más bien a la capacidad que tenemos los seres humanos de colaborar en la creación por medio de los poderes que nos ha dado la amada Presencia para dicho fin. A continuación estudiaremos los diferentes poderes cocreadores con los que fuimos dotados para participar y colaborar con la Creación.

El poder del amor: este poder es, quizás, la mayor energía vital que moviliza a toda la creación del universo. Es la fuerza de cohesión de que tiene el universo. Todo lo que se envuelve en el poder del amor divino se cohesiona, se realiza, se materializa. La prosperidad material se puede acelerar si la envolvemos en el poder del amor divino. Por supuesto, y con mayor razón, lo emocional y lo espiritual. El principal aprendizaje será entonces cómo usar esa energía. La literatura, la música, el cine y hasta los pasajes bíblicos están llenos de contenidos dedicados al amor: al de pareja, hacia los hijos, el amor a los padres, a los hermanos, a la familia, al prójimo, a la vida, a Dios, a los animales, a las plantas, al dinero, al poder y a todo lo que tu imaginación recurra. Se supone que el amor te llena de felicidad; otros opinan que te llena de dolor, algunos que es el mejor estado que pude experimentar un ser humano, y otros que es el mayor estado de vulnerabilidad de una persona. Algunos lo buscan desesperadamente y otros lo evitan con la misma desesperación de los primeros. Muchas veces es confundido con el romanticismo o la pasión sexual. El amor tiene el poder de convertirse en motor de nuestros actos, justificativo de nuestras mejores intenciones y de nuestras peores miserias humanas. Por amor se han construido ciudades y por amor se han desatado guerras; por amor se ha venerado a alguien y también se ha matado a otro. ¿Entonces, el poder del amor es algo positivo o negativo para nuestras vidas? La respuesta a esa pregunta está dentro de nosotros mismos. Pero aquí está la clave del poder del amor, cuando brindamos amor nos sentimos felices, pero si *no* nos brindan amor nos sentimos desdichados, desvalorados y, por consiguiente, no somos felices.

¿Entonces qué podemos hacer para que el enorme poder del amor actúe en beneficio de nuestras vidas? La respuesta es contundente, brinda amor y no esperes que nadie te ame. En lugar de sentir sentimientos despiadados y duros hacia una persona porque le haya hecho daño a otra, o la haya herido, lo que se debe hacer es pedirle a la divina Presencia que aquiete esos sentimientos y permitir que el gran poder del amor divino se expanda y arregle las cosas. Entonces, lo que pidan será dado. Todo, por amor divino, se armoniza y se ajusta.

El poder de la atención: "donde está tu atención allí estás tú; en aquello que piensas en eso te conviertes". Este es un elemento importantísimo de la ley del mentalismo, sin la atención fija en aquello que se quiere lograr o se desea no se podrán obtener los resultados que se esperan.

El poder de la atención puede dar rápidamente la libertad, si solo se sostiene en lo bueno, correcto y constructivo. Si la humanidad permite que el poder de su divina Presencia individualizada, su luz y maestría disuelvan lo no perfecto en cada quien y a su alrededor, se estarán dando grandes pasos hacia la victoria individual y planetaria.

La atención se debe canalizar hacia lo positivo, lo correcto, lo constructivo, y no hacia las limitaciones, los problemas, los sufrimientos, los desastres de todo tipo porque esto hará que se materialice: lo bueno y positivo o lo malo y negativo. El poder de la atención individual y de la humanidad tienen mucho que ver con lo que vive cada individuo y la situación caótica que está viviendo en la actualidad el planeta. Sin embargo, en la medida en que la atención se fije en las cosas positivas, constantemente se verán los resultados y los cambios en un periodo no muy largo y para beneficio de la humanidad y su plan divino de ascenso y perfección.

El poder de la calificación: este poder es muy potente en el ser humano y se refiere a los juicios que hacemos sobre las personas, cosas o situaciones bajo una perspectiva negativa. Esta ley se aplica en la mayoría de los casos cuando se tiene deseos de desprestigiar a alguien por su forma de actuar. Es una medida de censura y reprobación. Este es otro de los elementos importantísimos de la ley del mentalismo. Cuando se califica algo, la ley del mentalismo actúa y al instante se manifiesta aquello que la persona dice, piensa o siente. Si esto es bueno y positivo, producirá maravillas. Pero si es negativo, producirá infelicidad y desastres. La calificación puede ser positiva o negativa.

1. **Positiva**: ocurre cuando la persona produce palabras, pensamientos o sentimientos positivos, es decir, de amor, de comprensión, de felicidad, de paciencia, de perdón, de fe, de caridad, etcétera. Estos pensamientos, palabras o sentimientos envolverán a la persona a la que vaya dirigida y producirá alegría, felicidad, etcétera, todo lo bueno.

2. **Negativa**: calificar negativamente consiste en pensar, hablar o sentir cosas negativas sobre personas y condiciones. Es decir, con odio, resentimiento, envidia, etcétera. Es "enjuiciar", juzgar, criticar, calumniar, chismear, injuriar. Sin embargo, es importante decir que todo este mal se le devolverá a aquella persona que envió toda esta furia hacia la otra. La energía por sí sola, no

es ni positiva ni negativa. Ella está allí, en el ambiente, esperando ser utilizada; dependerá de cada quien cómo será usada y enviada. La materia y la energía están al servicio del ser humano y responden a sus órdenes porque somos creadores como el Padre, lo sepa o lo ignore. Ellas no saben distinguir lo bueno de lo malo.

El poder mental las moldea, normalmente. La energía que se utiliza para ser y crear es revestida con el poder de la calificación, que le da el individuo pensante. La energía procede de la gran fuente universal y la divina Presencia individualizada, la cual manda a su hijo encarnado en forma de corriente de vida. Por todo esto, es necesario que cuidemos nuestras palabras, sentimientos y pensamientos; ellos deben ser controlados y solo deben ser usados de manera positiva, para evitar que la vida propia y ajena se vuelvan un desastre. Si todos tuviéramos este conocimiento y lo practicáramos, este mundo sería muy diferente y mucho mejor.

El poder de la palabra

Los sentimientos, las palabras y los pensamientos le imprimen a la energía una dirección determinada, hacia el bien o hacia el mal, es por esto que todo decreto debería ser utilizado en forma positiva, porque la energía no distingue entre el bien y el mal, entre lo positivo y lo negativo. Sépalo o no, el ser humano tiene el poder de creación, igual al del Padre, y debería usar esa energía hacia el bien y en forma positiva. Como ya hemos visto, este poder es asombroso y muy comprobado, algunos han decidido llamarlo, en ciertos ambientes metafísicos, como "la ciencia de la palabra hablada", la cual no solo estudia la expresada oralmente, sino las canciones, oraciones, mantras, las visualizaciones y algunas técnicas de respiración. El objetivo de esta ciencia es demostrarte cómo al ponerte en contacto con tu divina Presencia accedes a tu Yo superior y te llenas de energía positiva. Una vez que se ha logrado esta conexión, se puede pedir para conseguir algo que se desea.

La ciencia de la palabra hablada observa siete principios fundamentales; una vez que hayas experimentado por ti mismo con regularidades tus principios, descubrirás el poder que se logra al contacto con tu amada Presencia de Dios, Yo Soy, o Yo superior. Estos siete principios fundamentales son:

1. Puedes utilizar la oración para crear cambios espirituales y materiales en tu vida.
2. La oración hablada es más efectiva que la oración silenciosa.
3. Los decretos son la forma más poderosa y efectiva de oración hablada.
4. Cuando utilizas en tus decretos el nombre de Yo Soy el que Yo Soy, tienes acceso a un poder ilimitado.
5. Repetir los decretos incrementa sus beneficios.
6. La utilización de visualizaciones intensifica tus decretos.
7. Puedes utilizar técnicas de respiración para aumentar el poder de tus oraciones o decretos.

El poder del deseo

Los deseos son otro instrumento de la ley del mentalismo para poner en movimiento a la energía y hacer que se manifieste lo que se desea. El deseo viene siendo como un motor, una fuerza tremenda que impulsa a la realización. No hay nada o casi nada en el mundo que no pueda ser cumplido cuando se desea con intensidad y por medio de la sin vocación de la divina Presencia. Sin embargo, a veces es necesario invocar a la ley del perdón y a la llama violeta para que se disuelva aquello que le impide que se manifieste lo que desea, porque puede ocurrir que en algunos casos un deseo no se materializa por ser un problema karmático. Todo deseo bueno y constructivo es el resultado de la actividad creativa de la divina Presencia en acción, el poder de Dios en cada persona y el cual tiende a exteriorizarse. Cuando la persona reconozca plenamente a la divina Presencia, sea uno con ella y se purifique totalmente, obtendrá el centro del poder y, verdaderamente, logrará todos sus deseos. Entendiendo los pensamientos como energía cocreadora, podemos decir lo mismo de los deseos. ¡Quién no recuerda al genio de la lámpara cuando dice: "tus deseos serán órdenes!". De esta manera se manifiesta la amada Presencia, por medio de la realización de los deseos más sublimes de sus hijos.

El poder de la fe

La fe es uno de los más altos y puros sentimientos del hombre; está hecho a base de amor y confianza, es una sensación de certeza que apacigua cualquier ansiedad. Este poder es lo contrario del miedo, así como la fe "mueve montañas", el miedo puede hacer lo mismo si no somos capaces de armarnos de valor y recibir solo lo que es positivo en nuestras vidas.

El poder de la sugestión

Este poder es otra consecuencia de la ley del mentalismo. Este poder es algo tremendo. Cuando una persona tiene la apariencia de alguna enfermedad leve y piensa que es más grave de lo que parece, inevitablemente se va a manifestar. Los médicos modernos, con buena intención, sugieren apariencias que luego se exteriorizan, cuando la persona no conoce la ley del mentalismo ni está en guardia contra estas sugerencias. Cada persona produce y manifiesta lo que cree tener y también mejora y se cura de lo que padece si así lo desea, lo manifiesta y se lo ordena a su materia o cuerpo físico, porque nuestro cuerpo está para servirnos y no para esclavizarnos con enfermedades. Así pues, se debe tener conciencia de que somos creadores como el Padre y que podemos tener dominio sobre nuestro cuerpo y nuestra salud.

El poder de la intención

Se le conoce de esta forma al objetivo con el que se realizan los deseos, la intención tiene que ver con la finalidad de las peticiones. La amada Presencia enseña a tener siempre buenas intenciones para con los demás y de esa forma obtener buenos resultados.

El poder de la visión interna: este poder también forma parte de la ley del mentalismo, consiste en "ver" dentro de sí mismo algo a lo cual se le da forma en la mente y que luego se manifestará fuera, es decir, se materializará, se precipitará y tendrá forma en el mundo material. Es la facultad conocida como "imaginación". A esto también se le llama "visualización". La imagen tiene gran poder porque para que algo sea creado en cualquier parte, debe haber sido imaginado primero. La visualización tiene múltiples usos, tanto para producir la salud en el cuerpo físico como para la salud del aura y de los demás cuerpos del ser humano. También sirve para que se materialicen nuestros deseos y necesidades, sirve cuando la persona está meditando, etcétera.

El poder de la luz

El poder de la luz es una fuerza que existe dentro de cada quien, la cual le permite dominar su medio ambiente. Esta fuerza no conoce contrarios porque ante una invocación ella inunda todo y lo imperfecto desaparece. El poder de la luz es un efecto; por lo tanto, tiene una causa más poderosa cuando está anclando en su divina Presencia.

El poder del tres veces tres

El número 3 ha sido muy representativo para la mayoría de las culturas, sobre todo por la multiplicidad de maneras de encontrarse en la naturaleza. Ejemplos de tríadas importantes: sol, luna y Tierra; madre, padre e hijo; cabeza, tronco, extremidades; cuerpos físico, mental y espiritual, etcétera. Además, esta cifra representa también la unión del ser con la amada Presencia para así conformar la amada Presencia de Dios, Yo Soy. De ahí la importancia de que los decretos e invocaciones se repitan tres veces cada vez que se pronuncian en voz alta; y explica el porqué siempre se recomienda hacer los rituales utilizando tres velas que representen esa unión divina.

El perdón y el desapego: dos requisitos para alcanzar la prosperidad integral

¿Guardas algún resentimiento en tu corazón? ¿Hay acaso alguna persona que debas perdonar? En el camino hacia una prosperidad integral es una ley ineludible perdonar a las personas que nos hayan hecho algún mal en el pasado para poder superar las dificultades que se nos presentan y lograr un verdadero progreso espiritual. Aunque a simple vista no percibas ningún cambio externo importante a la hora de perdonar a alguien, puedes estar seguro de que esa modificación ocurre a nivel espiritual y emocional. La mayoría de las religiones o maestros hacen mucha referencia a la necesidad de borrar esos rencores.

No basta solo con perdonar a la otra persona, también debemos aprender a perdonarnos a nosotros mismos por haber decidido, utilizando nuestro libre albedrío, colocarnos en esa situación o haber generado el problema entre ambas partes. El perdón de esta manera no puede ser solamente un acto de palabra, debe ser hecho con el corazón y guiados por la amada Presencia de Dios, Yo Soy en mí.

Cuando hemos sido víctimas de algún daño irreparable o de un delito, también debemos trabajar en el perdón. Perdonar no significa que usted debe simpatizar con el delincuente o que quiere conocerlo, sino que usted debe desearle el bien y dejar pasar el resentimiento por el daño sufrido. Entre más cerca estés de la divina Presencia, aprenderás a ser fuerte y a no permitir abusos por parte de los demás. Lo que sí aprenderás es a dar el corazón en todo lo que hagas; tener esa conciencia espiritual no quiere decir que permitas ser la burla de los que te rodean.

El doctor Miguel Ríos, en su obra *Los cuatro acuerdos*, nos habla de la importancia del desapego. Los seres humanos, por una necesidad de comodidad o dependencia, somos propensos a apegarnos a las cosas, a creer que sin ellas realmente estamos incompletos, y ¿por qué no?, infelices.

El trabajo con la amada Presencia nos ayuda a suplir esas carencias que nos afectan y no nos dejan vivir con tranquilidad. Para lograrlo debemos ser disciplinados y comprometidos. Por eso la metafísica se considera un estilo de vida y no una religió; en estas últimas, las prácticas espirituales suelen ser más un evento social que un momento de ascensión. Aprende a trabajar de manera personal, solo tú mismo serás capaz de reconocer cuáles son los apegos y rencores que debes trabajar, no hay fórmulas, pero sí revelaciones que ocurren en los instantes de abstracción.

Hoy en día, muchos autores nos hablan de la influencia negativa que generan los resentimientos y los apegos en la salud de nuestros cuerpos físico y emocional; es por esta razón que hago hincapié en la importancia de propiciar momentos de conexión con la amada Presencia, para de esa forma alinear los tres cuerpos que nos constituyen y lograr un mayor diálogo entre ellos para que puedan liberar esas energías que nos aprisionan y no nos dejan evolucionar en el camino hacia la ascensión espiritual.

La ley del perdón actúa, en todo momento, en las variadas modalidades evolutivas, aunque de diferente manera, según se requiera. Cuando se invoca la ley del perdón junto a la llama violeta de Zadquiel de la transmutación se pueden cortar los lazos karmáticos de la vida actual. Pero para poder hacer uso de la llama violeta se debe soltar el pasado, perdonarlo, no pensar más en él; al recordarlo, lo traemos al presente y con él volverá a agobiarnos el sufrimiento. Esto impedirá que se produzca el olvido y el perdón, y así, lo único que conseguirá es quedar paralizado, estancado y sin avanzar en su evolución, provocando un retraso.

Llama violeta o rayo violeta

Es el séptimo rayo que nace de la amada Presencia universal, sin el cual es muy difícil alcanzar la ascensión. La llama violeta actúa a nivel invisible a los ojos físicos, pero sus resultados son inmediatos. No existe mejor manera en el universo de cancelar el poder de las creaciones humanas discordantes (odio, envidia, resentimiento, celos, avaricia, etcétera) y lograr liberarse de esa carga. Este rayo cambia o transmuta todo lo indeseable en positivo, toda energía negativa en energía positiva. Es muy útil para ayudar en la recuperación de personas adictas a alguna sustancia.

Esta llama posee dos cualidades muy importantes: la libertad y la misericordia. Se le conoce también como el rayo ceremonial, porque con ella se preparaba la ceremonia de la ascensión de un ser muy evolucionado. Otro elemento importante a la hora de perdonar o desapegarnos de algo es transmutar esa energía, convertirla en una energía liberadora, creativa y evolutiva. Es visualizar a la otra persona dentro de un enorme haz de luz violeta que nos hace borrar cualquier recuerdo doloroso que nos una a ella. A continuación haremos un ritual sobre el perdón que es muy poderoso y actúa directamente en nuestro ser y en nuestro entorno; por lo tanto, debe realizarse cuando sientas la fuerte necesidad en tu interior de hacerlo. Es adecuado para liberar esas energías y emociones que nos mantienen atados al dolor y cortan nuestra evolución. También puede realizarse cuando haya presentes sentimientos de culpa, de inferioridad, resentimientos o dificultades en las relaciones de pareja.

Ritual para perdonar a alguien

Enciende tres velas de color violeta (ver ley del número 3) y un incienso de ruda o romero. Ahora siéntate con ropa ligera y en una posición cómoda para visualizar a la persona que deseas perdonar. La verás frente a ti y repite:

> Yo soy equilibrio en acción. Pido energía de purificación. Abro mi canal a la luz. Pido a mi vehículo superior que tome el mando de mis vehículos inferiores para hacer este ejercicio.

Mantén la visualización de esa persona en tu mente... Ahora la verás en el centro de la fuente que lo tiene Todo, está rodeada por una enorme llama de luz violeta transmutadora y repites:

> Yo invoco a la ley del perdón y a través de ella yo te pido perdón (dices el nombre de la persona). Por todo pensamiento, sentimiento, palabra o acción incorrectos emitidos hacia ti y por todo daño que te haya causado en esta o en otras vidas.

Si notas alguna sensación o molestia en el cuerpo es porque se están liberando las energías retenidas hace tiempo, es un proceso natural de limpieza; si llegas a sentirla, pasa la mano y haz la acción de tomarla y limpiarla sobre el fuego de las velas para purificarte mejor. Continúa diciendo:

Yo invoco a la ley del perdón y a través de ella me perdono a mí mismo por todo pensamiento, sentimiento, palabra o acción incorrectos que haya emitido hacia: (dices el nombre de la persona) y hacia mí mismo y por todo el daño que le haya causado. Yo te doy la libertad y me libero de mí mismo(a) y pongo en manos de la amada Presencia esta situación.

Gracias por todo lo que he aprendido de ti y por nuestra relación.

Para terminar visualiza un símbolo del infinito violeta enorme (∞) en medio de ustedes dos y luego mira una fantástica luz dorada que los baña a ambos.

Invocación sobre la ley del perdón y la llama violeta

Divina Presencia, Yo Soy en mí, te amo, te saludo y te bendigo, te pido mantenerte sostenidamente y actuando sobre mí. Ruego a la ley del perdón y a la poderosa llama violeta para que todos mis errores y los errores de los otros que pueblan el planeta luz-Tierra, en esta vida y en las pasadas, nos sean perdonados, dispensados, transmutados, quemados o disueltos para poder cortar con la cadena del karma del pasado y con los que se hayan podido crear en esta vida.

Gracias

Importancia de los decretos, invocaciones, tratamientos y ejercicios para alcanzar la conexión con la amada Presencia

Como hemos visto con anterioridad, la conexión con la amada Presencia exige mucha disciplina y dedicación. A continuación conoceremos algunas herramientas que nos ayudan en esta aproximación a la ascensión que tanto anhela nuestro espíritu. Aprendamos a usarlas con sabiduría y conociendo el porqué de las cosas.

¿Qué son los decretos?

Son órdenes que expresan los seres humanos durante la vida diaria, las cuales pueden tener consecuencias negativas o positivas, dependiendo de la intención con la que se dicen. Podemos sepáralos en 1) decretos negativos: son aquellos que nacen del miedo o de otras energías discordantes, como la envidia, la ira, la avaricia o el desdén. Se usan para calificar mal las cosas. Por ejemplo: "María está muy enferma, no creo que se salve"; 2) decretos positivos: son aquellos que surgen del amor y de los más altos fines del universo, su pronunciación sirve para ayudar a los demás. Con este tipo de decretos se producen magníficos resultados. Por ejemplo: "María tiene una apariencia de enfermedad, pero ya la supero". Aunque aún no lo haya logrado, la fuerza de un decreto así es capaz de echar a andar un milagro, si se dice con la atención sostenida. Con un decreto en positivo se da la orden de sanación y si esta orden corresponde a la ley del Todo se mejorará rápidamente, excluyendo los casos en que la enfermedad, la tragedia, la pobreza o cualquier otro hecho negativo se deban a un karma en particular que se debe pagar.

Decretar es crear, recordemos el poder de la palabra que analizamos con anticipación. Con el decreto se impone la fuerza para canalizar lo que proviene de la fuente de Todo lo que Es. El que se acoge al poder de los decretos asume el mando de las situaciones; el poder del Yo Soy se instala dentro de sí para producir lo deseado. Es una fuerza activa que se echa a andar. Cada persona es quien puede ordenarle a la energía cómo actuar. La única autoridad en tu vida eres tú mismo y, según tus deseos, aquello que sientas, pienses, digas o esperes ocurrirá, si no das cabida al miedo o la duda. Cuando la persona duda, su orden pierde fuerza, y lo que espera que ocurra probablemente no se da. No olvides que toda "causa tiene su efecto".

¿Cómo hacer que los decretos funcionen?

1) Sustituir los falsos y negativos conceptos por positivos. Uno debe afirmar que la verdad de Dios es que no hay apariencias negativas, así lo comprendo y lo espero.

2) Transmutar el temor con la llama violeta para fortalecer la fe y lograr la paz.

3) Entender bien esta enseñanza.

4) No dudar.

5) Si es producto del karma: se invoca a la divina Presencia, la ley del perdón, la llama violeta y se pide dispensa si está en la ley y bajo la gracia de la amada Presencia.

6) Cuando uno siente que la Presencia ya nos ha oído y está dado: soltar el problema.

7) Cada vez que lo recuerde, diga: "Gracias, Padre, porque me has oído. Confío en tu amor y tu poder".

¿Qué son las invocaciones?

Las invocaciones son llamados que se hacen a la divina Presencia, a los ángeles y a los demás seres de luz para que vengan en nuestra asistencia. Cuando se invoca a la acción a la amada Presencia llega la luz en la que está contenido todo el poder de la amada Presencia de Dios, Yo Soy, y todo se resuelve de manera satisfactoria, aunque el resultado no se manifieste de inmediato. Así, puedes conseguir la victoria porque no hay nada más poderoso que la luz. No puede haber ningún llamado sin que surja la respuesta y gracias al gran poder de la luz se cumple lo que se está pidiendo. Cada quien es el director de su mundo y tiene toda autoridad, no lo olvides.

Este llamado de asistencia puede hacerse a todo ser de luz y a los siete rayos. Sin embargo, se debe saber que en ocasiones la materialización de lo que se pidió no es instantánea porque la humanidad vive en tercera dimensión, y en ella el proceso puede ser lento en algunos casos, aunque también el resultado puede ser maravillosamente rápido.

¿Qué son los tratamientos?

Los tratamientos consisten en aplicar la ley del mentalismo bajo una perspectiva positiva en cualquier situación negativa que se nos presente, con la intención de resolver las apariencias de incomodidad y sufrimiento o para realizar aquello que más se desea. "Pensar es crear, todo es mente"; por lo tanto, el conocimiento de la ley del mentalismo es fundamental para realizar los tratamientos.

A la hora de realizar un tratamiento se debe unir pensamiento, palabra y sentimiento de forma que no haya contradicción entre ninguna de estas partes. Si no hay congruencia, el resultado no será favorable. Lo primero que se debe hacer es invocar a la amada Presencia de Dios, Yo Soy, individualizada, y luego decretar de forma firme y positiva, lo cual pone en acción a la voluntad divina de la amada Presencia. Por eso es necesario tener fe, no dudar, mantenerse sereno y con las vibraciones elevadas para poder dar gracias y esperar en gozosa expectativa.

Tratamientos, decretos y ejercicios para resolver algunas situaciones

Alcanzar la armonía

Tratamiento
Relájate un momento y visualízate flotando en el centro de la gran luminosidad de la amada Presencia. Siente esa la luz blanca y potente que entra en tu cuerpo por tu coronilla. Permanece tranquilo y sosegado, aquieta tu mente. Pon orden en tus sentimientos y borra los conceptos mentales equivocados. Siente y espera que la luz disuelva todo lo no perfecto desde su origen.

Ejercicio:

Cuenta: 1…, 2…, 3… Concéntrate en tu corazón. Visualiza cómo este órgano irradia hacia fuera una luz que disuelve todo lo no perfecto en tus entornos. Esta gran luz te envuelve y expande todos los puntos luminosos en el centro de cada átomo, de cada célula de tu hermoso cuerpo y purifica estas envolturas.

Armonizar los cuerpos

Tratamiento
Busca aquietarte en silencio dentro de tu propia habitación y repite: "Yo Soy…, Yo Soy…, Yo Soy…, hasta que sientas la paz y la armonía que requieres. Concéntrate en lograr una conexión con la amada Presencia de Dios,

Yo Soy; siente que el poder de su brillante luz penetra en cada célula, cada átomo y molécula para transmutar hacia la perfección aquello que no es armonioso. Presencia cómo se disuelve con el poder de la luz y pide que la luz mantenga su dominio por siempre en la forma humana, y luego que fluya hacia fuera su radiación para bendecir a todos con quienes entre en contacto. Hay que tratar de sentir con intensidad el poder y la autoridad de la luz.

Decreto: "¡Expándanse, células! ¡Disuelvan con esa expansión de luz las creaciones humanas! ¡Disuelvan la densidad que ha revestido, durante tanto tiempo, esos puntos de luz! ¡Que la luz impregne la forma humana y dé perfecta salud, valor, dominio a la estructura carnal del cuerpo! (Cerrarse a entidades espirituales negativas) "Cierro mi puerta astral, cierro mi aura (o el aura de mi hijo, pareja, etcétera) y el aura de mi casa."

Cortar ataduras

Decreto: "Divina Presencia, Yo Soy en mí, te amo, te bendigo y te saludo. Yo Soy la espada de Miguel, multiplicada e individualizada por el poder de la Presencia; con ella corta, corta, corta cualquier interferencia en mi vida individual y en todo lo no perfecto que trate de perturbar". (Nota: se puede aplicar a otros.)

Descontrol

Tratamiento
Cuando algo surja de improviso y te ocasione un des-

control, relájate y concéntrate en tu corazón. Siente el fluir del poder de la amada Presencia de Dios, Yo Soy, de manera serena y placentera, y repite lo siguiente: "La amada Presencia de Dios, Yo Soy, está en mí, ella me cuida. No tengo por qué preocuparme".

Despertar la vida interna

Ejercicio

Invoca a la amada Presencia de Dios, Yo Soy en mí, cierra los ojos y realiza tres inspiraciones profundas. Ahora concéntrate en tu entrecejo. Vuelve a inspirar. Retén el aire. Expira y repítelo de nuevo sin dejar de concentrarte en el entrecejo. Llegó el momento de visualizar un círculo violeta con el centro verde frente al entrecejo que gira y brilla al compás de la respiración. Este ejercicio se puede hacer durante cinco minutos, pero no dejes de ver la luz girando frente a ti con intensidad.

Elevación voluntaria de los vehículos inferiores hacia la amada Presencia de Dios, Yo Soy

Ejercicio 1

Trata de visualizar tu cuerpo emocional, envolviendo tu cuerpo físico como si fuera tu aura. Imagina que ese campo energético va recogiéndose, introduciéndose dentro del corazón. Una vez que se haya instalado ahí, subirá por el cordón de plata hacia la cabeza y de allí se lanzará hacia el Yo Soy. (Este cuerpo se visualiza como una réplica de uno mismo, que se va volviendo pequeñito.)

Ejercicio 2

Visualiza luego el cuerpo mental que está ancho, alrededor de la cabeza; imagínalo reduciéndose y llévalo hacia el Yo Soy que se ubica en el corazón.

Ejercicio 3

Visualiza el cuerpo etérico (siempre como la figurita de uno mismo). Llévalo reduciéndolo al corazón, luego hacia la frente y luego esparciéndolo por todo el cuerpo.

Ejercicio 4

Visualiza el cuerpo físico, redúcelo todo desde los dedos de los pies hasta la cabeza e introdúcelo en tu corazón; imagínalo todo chiquitito dentro del corazón, luego llévalo a la cabeza y pásalo por las coronillas hasta llegar nuevamente al Yo Soy. La repetición constante de este ejercicio mejora los lazos de comunicación entre nosotros y la amada Presencia, además de permitirle trabajar sobre los demás cuerpos inferiores, facilitándonos alcanzar un autodominio de los pensamientos, sentimientos y acciones en armonía con la verdadera evolución individual.

Alcanzar la paz interna

Decreto: "Divina Presencia, Yo Soy en mí, te amo, te bendigo y te saludo y decreto que Yo Soy la paz y el equilibrio. Envuelvo a mi creación mental en el amor divino y así atraigo a todos los átomos afines a esta vibración para materializar lo que deseo".

Prosperidad económica

Decreto: "Poderosa amada Presencia de Dios, Yo Soy, en mí, te amo, te bendigo, te saludo y te pido que cargues mi ambiente, trabajo y actividades con la previsión financiera y el suficiente suministro. La Divina Providencia me da, con abundancia, el sustento que preciso y mi prosperidad económica se manifiesta en bien de todos. Bendigo el dinero que me dan y el que yo entrego para que se multiplique a plenitud. Decreto la verdad que es la prosperidad económica en mí y en todos. Controlo en mi parte humana para que sepa esperar, se mantenga tranquila y no se entrometa. Yo Soy la opulencia del rayo oro rubí en bien y armonía. Doy las gracias".

Trabajo

Decreto: "Divina Presencia, Yo Soy en mí, te amo, te bendigo, te saludo y te pido que descargues tu gran poder en mi trabajo para que transcurra en paz y armonía, con suficiente rendimiento y bienestar, en éxito y victoria. Yo Soy el amor divino de mi amada Presencia que todo lo ajusta y embellece. Yo Soy la cordialidad en el trato, la justicia y abundante provisión en las labores cumplidas".

Trabajo que me pertenece

Decreto: "Divina Presencia, Yo Soy en mí, te amo, te bendigo, te saludo y te pido el puesto y el trabajo que me pertenecen, existen y me están esperando. Si alguien lo está ocupando, lo está desempeñando mal, porque es mío por derecho de conciencia y nadie más que yo puede cumplirlo a la perfección. Pido que esa persona encuentre su trabajo perfecto para que ella también progrese y mejore. Envuelve esa colocación con amor, llena de amor el vacío que hay en mi vida (lo cual quiere decir que no volveré a denigrar de mí mismo ni permitiré que nadie me juzgue ni me decrete mal). Gracias, Padre, que ya estoy en mi puesto correcto y verdadero.

Decretos para diferentes ocasiones

Yo Soy la realización perfecta de la obra cumbre de la amada Presencia.

Yo Soy la inteligencia infinita que guía a cada ser humano en todas sus acciones.

Yo Soy el amor divino que abre el camino para realizar esta gran obra de luz.

Yo Soy la amada Presencia en acción que nos conduce, nos sostiene y nos protege.

Yo Soy la luz radiante que disipa las apariencias de confusión y error en todas las mentes.

Yo Soy el sol puro y radiante donde convergen todas
las corrientes espirituales.
Yo Soy la manifestación perfecta de la verdad en cada
uno.

Poder de la visualización para lograr la materialización de nuestros deseos espirituales y materiales

¿Qué es visualizar?

Es la capacidad que todos tenemos de usar el poder de
nuestra imaginación para hacer realidad nuestros deseos. Esta capacidad se basa en una de las leyes universales, la del mentalismo. Hoy, en algunas técnicas alternativas se le llama visualización creativa. Recuerda que
en aquello que pensamos en eso nos convertimos. Si
además de pensarlo, podemos verlo en nuestra pantalla mental, darle vida y disfrutarlo como si ya estuviera
ocurriendo, estamos creando aquello que visualizamos
y trayéndolo al presente. Es por esto que este paso es
muy importante para nuestra vida y prosperidad material o espiritual. Podemos imaginar cosas materiales y
también estados anímicos de felicidad, paz y armonía.
También podemos visualizar nuestro proceso de evolución espiritual e imaginarnos en el camino hacia la perfección, esa ruta de regreso al hogar de nuestro Padre
hasta lograr la Ascensión.

Pasos para la lograr una visualización creativa

1) Determinar lo que se desea manifestar:

Por supuesto, que esto sea algo honorable, constructivo, digno del tiempo y esfuerzo. Asegúrate del motivo que te impele atraer semejante creación del exterior. Deber ser honesto contigo y con el resto del mundo. Recuerda que existe una gran diferencia entre el uso del deseo y el capricho. El uso implica el cumplimiento de la gran ley universal de servicio. Asegúrate de no basar tus peticiones en la envidia o la codicia. Un verdadero estudiante sacará provecho de este entrenamiento. Toma las riendas, disciplina y controla conscientemente a tu ser interior. Escoge lo que quieres visualizar en tu mente, diseña y haz que se manifieste ese plan en tu vida.

2) Declara el plan deseado en palabras y en voz alta. (Tan claras y concisas como sea posible. Escríbelo con anticipación para que no olvides ningún detalle.) En esta forma estarás grabando un registro de tu deseo en el mundo exterior, visible y tangible.

3) Cierra los ojos, concéntrate y trata de ver dentro de tu pantalla mental lo que tanto ansías que se cumpla. Contempla el hecho de poder crear, visualizar y crear un cuadro dentro de tu propia conciencia que representa tus deseos. Esa capacidad es un atributo divino actuando dentro en ti. La vida y el poder de Dios están actuando dentro de tu conciencia para impulsar hacia fuera, al mundo exterior, el cuadro que tú estás viendo

y sintiendo dentro de ti. Luego tú sabrás que Dios es el hacedor mayor.

4) Después de realizar la visualización, relee tu plan o tu deseo tantas veces como te sea posible durante el día y siempre antes de dormir, porque durante el sueño tu mente será capaz de guardar esa imagen y las sensaciones que te producen para poder recordarlas después por medio de tus sueños nocturnos. De esta manera, puedes llevarte todo el deseo o cuadro a tu conciencia para que entre al gran silencio del sueño. Allí será cargada con el más grande poder y actividad de Dios, los cuales están siempre en el corazón del gran silencio.

5) Por ninguna circunstancia debes comentar tu deseo o tu visualización con alguien. Esto es importante porque miles de deseos, ambiciones e ideales hubieran sido convertidos en realidad si las personas no los hubiesen compartido con sus allegados. Cuando tú decides demostrar una experiencia por la vía de la visualización conscientemente dirigida, tú te conviertes en ley-Dios. La ley del uno para quien no hay oposición. Tú tienes que formular tu propia decisión y apoyar tu propio decreto con toda fuerza. Esto significa que no debes vacilar. Para esto, debes saber y sentir que es Dios quien está deseando ese pensamiento junto a ti y controlando todo lo que se refiere a él. Hasta que esto no sea comprendido plenamente, jamás podrás obtener las manifestaciones de tus visualizaciones. Los panaderos suelen decir "que los pasteles no se sacan hasta que estén listos".

¿Qué es la precipitación?

Precipitar es manifestar en el plano físico todo lo que se desea a través de decretos, tratamientos e invocaciones. Para ello, hace falta vivir en la ley del amor. Se puede precipitar tanto lo material y tangible como lo no visible y abstracto. Esta precipitación se realiza a través de las múltiples vías o caminos del Padre. Su manifestación se produce en un tiempo y a un ritmo particular. El poder de la precipitación es un regalo del Padre para toda la humanidad, ya que Él lo que quiere es que todos tengamos todo lo que necesitamos, en abundancia. Por esta razón fuimos creados a imagen y semejanza del Padre, pero hemos olvidado nuestro origen divino y lo que esto implica.

Para poder precipitar hay que esforzarse por visualizar a la amada Presencia de Dios, Yo Soy, e integrarse a ella, mantener un estado de serenidad y paz, pensar positivo y manifestar el amor divino. Todo pensamiento y creación mental se materializarán a través de la poderosa fuerza del amor. El proceso se acelera en la medida en que lo aceptamos como un hecho. Se debe recordar que los logros y metas están tan lejos como nuestra mente y corazón los sienta.

Precipitar es plasmar en la sustancia universal, con el poder de la imaginación, lo que se anhela y desea, ya sean logros materiales, afectivos o espirituales. El poder de precipitación es innato y natural en el ser humano, pero como vivimos en el plano denso donde hay tantas interferencias existe un karma por superar para poder manifestar nuestros sueños en la realidad. De ahí la importancia de utilizar también la llama violeta junto a la ley del perdón y aplicar tratamientos metafísicos para el logro de los deseos positivos.

¿Cómo podemos precipitar?

Antes de tratar de precipitar algún deseo, se debe purificar la mente humana de las rutinas y viejos patrones negativos o conceptos cerrados. Para ello, la persona debe ayudarse con el uso de la llama violeta y la ley de perdón, de manera que si existe algún karma que impida su precipitación, este sea disuelto o disminuido. De lo contrario, será muy difícil ver logrado lo que la persona necesita. Es decir, para precipitar lo bueno se debe estar en ese estado y además unir al pensamiento el sentimiento, de manera que se produzca la precipitación.

La divina Presencia es la que precipita los deseos de los humanos, ellos no lo logran sin su intervención. Si te unes a la amada Presencia te sentirás como un instrumento de su poder. Si la persona permite que sea su ego el que lo dirija todo, nada se producirá ni se logrará. Se debe ejercer un control sobre la palabra, el pensamiento y el sentimiento: el mal uso de estos atributos cierra las puertas a toda precipitación. Cuando se pide cualquier cosa, se debe controlar la palabra, el pensamiento y los sentimientos. La violencia, el nerviosismo, la irritabilidad, el mal humor, la crítica y la falta de armonía impiden la precipitación.

Los siete rayos de la metafísica

Energía poderosa que aumenta la posibilidad de que nuestros deseos se manifiesten.

¿Qué es un rayo?

Es el fuego celeste en su forma activa. Es una corriente de fuerza o determinado tipo de energía cósmico-espiritual que pone de relieve la cualidad que exhibe su color.

¿Qué es el rayo de la creación?

Es el sistema de los siete rayos de la Creación que constituye la unidad cósmica de la amada Presencia.

¿Qué son los rayos?

Son las siete corrientes de fuerza provenientes del logos. Cada rayo personifica una gran entidad cósmica, las cuales expresan los diferentes aspectos de la fuerza por cuyo medio se manifiesta el logos. Cada rayo es custodiado por uno de los siete arcángeles que reconoce la metafísica.

¿Para qué sirven los rayos?

Para que a través de su conocimiento y posterior uso podamos materializar todo aquello honorable que queremos o deseamos resolver. Son, verdaderamente, herramientas mágicas y poderosas.

¿Cómo se usan los rayos?

El uso de los rayos es algo muy simple. Basta con tan solo cerrar los ojos e imaginarse envuelto en el color del rayo que quieres utilizar. Puedes usar más de un rayo, pero de uno en uno. Puedes, también, usar los rayos sobre otras personas para ayudarlos y darles las cualidades que cada rayo tiene. También puedes envolver tu casa, tus carros, tu lugar de trabajo, etcétera.

Ejemplos: si tú quieres que se diga la verdad en una conversación, te imaginas conversando con la persona, aunque no la conozcas, y envuelves en verde la conversación para que se manifieste la verdad en ella.

Si tienes problemas con tu pareja, te visualizas junto a él o ella y se envuelven en violeta para que se transmuten los problemas, y luego en rosado para que se manifieste el amor divino entre ambos.

Si vas a presentar un examen, te envuelves en amarillo para que estimule tu mente y seas capaz de contestar todo lo que has aprendido con anterioridad.

Si tienes miedo, te puedes envolver en el círculo azul del arcángel Miguel para que te proteja.

Si quieres que tu dinero se multiplique, puedes usar el rosado para que se cohesione hacia ti. También puedes envolverte en el rayo oro-rubí (naranja) para que te envuelvas con la energía de la prosperidad material.

Si quieres elevarte espiritualmente, puedes usar el rayo blanco. De esta manera vas utilizando los rayos para solucionar y mejorar tu vida.

¿Cuáles son los siete rayos?

1. Rayo azul: simboliza al Padre, en la Santísima Trinidad. Es la voluntad divina. Día de la Semana: domingo. Arcángel director: Miguel. Es el primer ángel de todo el cielo. Está encargado de los que mueren y de dar protección a quien se lo solicite, para defenderlo de las fuerzas de la oscuridad y de toda condición que no sea igual a la verdad. Tiene permiso para bajar a las "tinieblas" y de liberar a las almas prisioneras. Complemento divino del arcángel: señora fe.

2. Rayo amarillo-dorado: simboliza al Hijo en la Santísima Trinidad. Es la sabiduría divina, la palabra, el verbo. Es el sonido creador. Sostiene la manifestación del universo. Es el Yo Soy. Está presente en cada Yo divino de cada ser humano. Día de la semana: lunes. Arcángel director: Jofiel. Trabaja en todas las funciones inteligentes del planeta. Asiste a la humanidad en el logro de la inteligencia y la sabiduría divina para el logro de su evolución. Complemento divino del arcángel: constancia.

3. Rayo rosa: representa al Espíritu Santo en la Santísima Trinidad. Es el amor divino. Día de la semana: martes. Este rayo del amor produce bendiciones, felicidad, tranquilidad y es constructivo y cohesivo. Es la fuerza de cohesión del universo. Es la vibración original que existía en el planeta a la cual volveremos. Ejecuta al Yo Soy. Es la acción del verbo, de Yo Soy. Arcángel director: Chamuel. Insta al ser humano a tener conciencia de que el amor más grande debe ser hacia el Yo divino, con lo cual desaparecerán todos los sufrimientos y depresiones de las personas. Además, es el arcángel de la opulencia. Se le debe pedir que bendiga todos nuestros bienes y todo el dinero que recibimos para que se multiplique. Complemento divino del arcángel: caridad.

4. **Rayo blanco:** es la síntesis de los siete rayos en total. Día de la semana: miércoles. Toda belleza en la creación del artista proviene de este rayo. Purifica y eleva todo lo que se envuelve en este rayo. Establece la armonía donde no la haya. Es el rayo de la Ascensión. Arcángel director: Gabriel. Conocido por haberle anunciado a María que iba a ser la madre de Jesús, el mesías del planeta. Envolvió en su manto de invisibilidad a Jesús, María y José en su huida a Egipto. Su manto de invisibilidad puede ser invocado cada vez que necesitemos protección, contra el mal, la mentira o las fuerzas de la oscuridad. Complemento divino del arcángel: esperanza.

5. **Rayo verde:** contiene toda la ciencia de Dios, la verdad, la curación, la armonía, la concentración. Día de la semana: jueves. Cuando se invoca al rayo verde se manifiesta la verdad de la perfección, ya que la única verdad posible es la perfección, puesto que somos uno con Dios; por lo tanto, somos perfectos. Además, mantiene la salud de nuestro cuerpo. Arcángel director: Rafael. Es el médico del cielo. Se hace presente en todo acto de curación en el que se requiere su presencia. Complemento divino del arcángel: madre María (virgen María).

6. Rayo Oro-Rubí: la jerarquía espiritual y el servicio a la humanidad. Día de la semana: viernes. Provee todos los requerimientos del cuerpo físico, gracias a su acción suministradora. Además, provee la paz y la gracia divina. Permite que la provisión divina fluya hacia uno, a menos que nuestros sentimientos lo impidan. Arcángel director: Uriel. Complemento divino del arcángel: gracia.

7. Rayo violeta: es el rayo de la transmutación, del perdón, de la misericordia, la magia, la liberación y el ceremonial. Día de la semana: sábado. Es la máxima protección contra la fuerza siniestra. Con este rayo se logra salir de la rueda de encarnaciones y de deshacerse del karma. Arcángel director: Zadquiel. Rodea el templo de la transmutación con la energía. Complemento divino del arcángel: amatista.

Contemplar y meditar: conocimiento clave para lograr la prosperidad

¿Qué es la contemplación?

La contemplación ocurre cuando ponemos nuestra atención sobre el Dios-Uno, en su totalidad, en la esencia misma, en sentir la "amada Presencia de Dios, Yo Soy" dentro del corazón; ser uno con el Padre y uno con el Todo. Uno trata de ser Dios mismo. Es la unión más completa con la divina Presencia. Durante la contemplación, que es la forma más elevada de orar, no se debe pedir nada. Es, simplemente, un acto de amor, de gratitud e integración con el Padre, el Dios-amigo en cada uno.

La contemplación es la adoración del Dios interior, es el sentirse unido a Él, en el silencio de lo interno. Contemplar es "dar gracias", bendecir a la "Divina Presencia, Yo Soy", y recogerse en el silencio profundo para la unión con la fuente suprema Yo Soy, el divino poder. Contemplar es poner la atención en el corazón y expandir la luz conscientemente en la alabanza y gloria al Dios interior la "amada Presencia, Yo Soy". Es sumergirse en el silencio interno en unión con su Yo Soy, el divino Maestro, y como gratitud a sus bendiciones.

La contemplación debe realizarse diariamente. Es el reconocimiento y la alabanza a Yo Soy, sentir el latir del corazón y expandir la llama triple en esa misma luz. El reposo de la contemplación hace que uno crezca espiritualmente y aumenta la posibilidad de oír a la voz interna, y así obtener respuestas de luz.

Pasos para lograr la contemplación:

1. Cerrar la puerta astral y hacer la debida protección de luz: consiste en decretar: "Cierro mi puerta astral contra cualquier creación imperfecta y distinta de la luz". De esta manera, cuando entres en estado de relajación, ningún intruso astral pueda molestar. Para la protección de la luz haces lo siguiente:

Tomas aire; mientras lo haces, imaginas un tubo de luz dorada que entra en tu cuerpo por la coronilla, o sea, la parte central y superior de tu cabeza. Exhala, y mientras lo haces, visualizas cómo esa luz dorada entra en tu cuerpo mientras inhalas y cómo sale por tu boca cuando exhalas. Observa cómo te va envolviendo en forma de espiral de abajo hacia arriba. Repite esto por lo menos tres veces.

2. **Aquietarse y relajarse**: siéntate cómodamente, con la espalda recta, para que la energía fluya por toda tu columna, y en un lugar tranquilo. Adopta una actitud tranquila y relajada. Pon las manos sobre las rodillas con las palmas hacia arriba. Esto favorece la recepción de la energía, la cual penetra por la coronilla y llega al corazón. Centra tu atención en tu respiración, de manera que puedas poner tu mente en blanco, por el tiempo que desees. No permitas la intromisión de los pensamientos. Si esto ocurre, vuelve a poner atención en tu respiración y repite: "Permanezco tranquilo, totalmente relajado, porque así es mi voluntad, y Yo Soy, mi conciencia divina, toma el mando de mi mente. Ordeno a mis vehículos perfecta obediencia".

Relaja tu cuerpo físico, suelta los músculos y afloja tus tensiones: "Yo Soy la paz en ti". Alinea tu cuerpo emocional, ajusta y armoniza tus sentimientos: "Yo Soy el bienestar de la relajación perfecta".

Para tu cuerpo etérico: deja fluirla energía divina calificada en luz y perfección: "Yo Soy la perfección divina en ti".

Para controlar tu parte humana, debes mantenerla al margen para que no te distraiga: "Yo Soy la perfecta obediencia en ti".

Para poder poner tu intelecto en meditación y que no intervenga para nada, repite: "Yo Soy la inteligencia divina que dirige esta contemplación. Yo Soy el auto-control perfecto de mis vehículos y de mi Yo humano. Por el poder del Yo Soy, invoco a la llama violeta trans-mutadora para envolver mis vehículos, mi personalidad y mi intelecto para que transmute todo aquello que no me permite hacer esta contemplación. Invoco a la llama rosa del amor divino para que armonice mis vehículos y a mi Yo humano".

3. Centrar la atención en el corazón: siente que tu cora-zón es un sol que irradia luz, energía y poder. Concentra la atención allí, en el latir de tu corazón e imagina que la luz se expande desde allí, cada vez con más fuerza. Siente el poder y la fuerza del Yo divino, en tu cora-zón, porque es allí donde se hace la conexión con Dios Padre-Madre-Creador, con la divinidad.

Ahora siente que eres un sol radiante, de manera de no pensar en más nada, de convertirte en un sol de luz. Permanece así, tranquilo y en paz, solo dando gra-cias a Dios y enviándole toda la energía de amor que seas capaz de generar durante el mayor tiempo posible. Finalmente, dale gracias a tu divina Presencia, diciendo:

Saludo, reconozco y bendigo a mi Amada Presencia de Dios, Yo Soy en mí, me elevo en conciencia de luz. Realizo la unión consciente con mi Padre en amor, sabiduría y voluntad. Siento la unión, crezco en poder, en fortaleza, y me elevo. Yo Soy la resurrección y la vida del amor divino, la fraternidad y todo el poder cós-

mico de la luz en mi corazón. Expando esa luz
en esta contemplación y doy gracias.

Algunos decretos que pueden ayudar a que la mente
se aquiete para poder hacer una contemplación son:
"Mi templo está en el corazón y no es un templo hecho con las manos."
"Yo Soy el sol dorado de la Presencia que irradia su poder en mí."
"Yo Soy un sol e irradio luz."
"Yo Soy la luz eterna e infinita que se expande desde mi corazón."
"Yo Soy el sol dorado de la amada Presencia de Dios Yo Soy en mí, que irradia las cualidades de la llama triple: amor, sabiduría y voluntad."

Realizar contemplación significa meditar en forma sencilla para entrar en contacto con Dios Padre-Madre Creador, con tu divina Presencia, para convertirte de esta manera en un instrumento de su poder. Esto permite que las apariencias de problemas y dificultades se vayan disolviendo; así, se mejora la salud, se vive en paz y surgen oportunidades en la vida.

Es bueno dedicar todos los días, aunque sean cinco minutos, para realizar una pequeña contemplación, de esta manera damos "gracias" constantemente al Padre. Si deseas hacer la contemplación puedes grabarla con tu voz y luego escucharla cada vez que lo desees.

¿Qué es la meditación?

Esta es otra aplicación de la "ley del mentalismo". La meditación consiste en poner la atención en una de las cualidades o virtudes del Dios-Uno. Nos concentramos en su núcleo-origen, con el corazón, hasta sentirnos llenos de esa cualidad. Es sentir una cualidad de la divina Presencia y hacernos uno con ella. La meditación, también, puede utilizarse para pedir iluminación y ayuda en las apariencias negativas personales. Para ello, se ponen los asuntos en manos del Padre y luego se espera con fe y en gozosa expectativa. Es decir, cuando uno entrega el mando a la divina Presencia de algún problema, situación o sentimiento y le pide que manifieste su perfección, debe soltar lo que le preocupa en las manos de la Presencia y hacerlo realmente sin que le embarguen las dudas y olvidándose del problema; de lo contrario, no hay entrega sincera. Solo lo trae a su mente cada vez que desee volverlo a poner en manos de su divina Presencia. Sin embargo, es necesario tener un poco de paciencia porque la precipitación de lo que la persona desea puede que no se manifieste de inmediato, debido a que en tercera dimensión todo toma su tiempo. Pero lo más importante es no desesperarse y caer en la duda; debe mantenerse la fe y la confianza de que la preocupación tendrá una salida que lo favorezca, que sea beneficiosa para él, aunque a veces pueda parecer lo contrario. Recuerden un dicho muy sabio: "No hay mal que por bien no venga", es decir, que si la persona ha puesto la solución en las manos de su divina Presencia, ella debe tener la seguridad de que esa es la mejor solución y la que más le conviene.

La meditación también es entregarse al silencio de la mente para obtener respuesta a muchas interrogantes. Practicando la meditación se obtiene iluminación sobre situaciones personales que necesitan ser comprendidas. Cuando se va a meditar, la persona debe relajarse, cerrar la puerta de lo exterior y entrar en silencio. Puede hacerse cada día, en el hogar o en cualquier lugar y al aire libre en contacto con la naturaleza. Esto se puede hacer el tiempo que se disponga para ello, no hay un tiempo determinado ni obligatorio para hacerlo; todo debe hacerse porque la persona lo desea y no porque sea una obligación para obtener algún premio. Todo debe ser fluido, natural y por amor.

Una vez que la persona entra en silencio y quietud, comienza a percibir su voz interna, aunque no en forma de palabras, sino como una intuición de cómo deben hacerse las cosas o de cómo deben solucionarse. Si el resultado produce paz y tranquilidad es porque realmente fue la voz interna, su divina Presencia, la que le dio la respuesta.

Meditación contemplativa para equilibrar el aura

Cierra tus ojos y date cuenta de toda la energía universal que lo penetra todo y de la cual podemos extraer energía de cualquier tipo, en cantidades ilimitadas. Respira unas seis veces lenta y profundamente. Relájate. Déjate llevar. Ignora todo impacto sensorial. Céntrate en la meditación, la cual te conducirá a donde lleves tu mente.

Visualiza un estanque tranquilo, en un lugar adora-
ble, con ondulaciones que se deslizan a través de la su-
perficie. El estanque representa tu mente; las ondulaciones, tu pensamiento. Lentamente, las ondulaciones se
aquietan, tus pensamientos retroceden. Déjalos ir. Que
el estanque se quede muy tranquilo y calmo. Relájate.

Ahora, pon nuevamente tu atención en el campo
universal de energía. Esta energía está a tu alrededor,
no necesitas mirar, su fuerza y vigor se sienten en todas
partes. Te rodea. Está accesible, dispuesta para ti, para
tus necesidades o para tu placer y felicidad. Alégrate
de percibirlo. Ahora puedes extraer toda esta energía
del campo universal de energía. Puedes hacerlo en cualquier momento.

Vamos a comenzar a tomar esta energía en orden y
armonía, de tal manera que nuestros chakras y nuestra
aura se equilibren. Percibe un suave y sutil calor por
debajo, en la base de la columna, la cual forma una in-
candescencia de color rojo oscuro. Deja que tu sangre
lleve el calor a todas las partes de tu cuerpo. Percibe la
sensación de que eres capaz de lograr lo que tú quieras,
de crear cualquier cosa que te imagines. Piensa un rato
sobre tus capacidades y tus posibilidades, mientras te
vuelves deliciosamente cálido.

Ahora crea una esfera de luz naranja brillante, fuera
de tu cuerpo y justo debajo del ombligo. Extrae energía
del campo universal para fortalecerla. Impúlsala hacia
dentro de tu cuerpo. Llena con ellas el bazo, el hígado
y los riñones. Mira cómo se purifican, se corrigen todas las posibles enfermedades y se equilibran todos tus

sistemas químicos. Todas tus hormonas están ahora en perfecto equilibrio. Ahora fortalece el rojo en tu cuerpo y goza de la creciente perfección de tu apariencia física .

Toma del campo universal de energía una luz amarilla fuego y llévala a tu plexo solar, uno o dos dedos por encima de tu ombligo. Concéntrala y hazla tan brillante como te sea posible. Desea poderosamente que entre y a medida que entra y llena tus glándulas renales, siente cómo tu fuerza se multiplica nuevamente. Parece no tener límites. Goza de tu nuevo poder y agradece al Padre por su maravillosa generosidad.

Trae hacia tu corazón, en medio del pecho, sobre el esternón, un bello haz de luz verde o rosa, escoge el que más necesitas. A medida que entra en tu corazón, siente el perfecto equilibrio de tu cuerpo. Ve crecerlo en tamaño, paz y serenidad hasta que te envuelva por completo, a medida que entra en tu corazón te sientes totalmente equilibrado. Todos los colores de dentro y fuera se combinan y forman un intenso campo blanco puro, mientras tú te encuentras en su centro. Se expande en el universo a la velocidad de la luz. Con cada respiración, extraes más energía y te das cuenta de que puedes dirigirla a donde tú quieras. Úsala para crear, para curar, para amar. Multiplícala ampliamente y envíala de vuelta al universo. Agradece al Padre.

Ahora toma del campo universal de energía una luz azul brillante, pura como el cielo, o como la más fina turquesa. Aumenta su brillo, concéntralo e inhálalo directamente a tu garganta, como si fuera agua fría, satisfactoria y refrescante. Advierte que tu respiración se ha vuelto más fácil y dinámica. De hecho, cada vez que respiras, la luz azul aumenta tanto que se derrama sobre tus sentimientos y lava tus emociones hasta que sólo eres capaz de sentir confort y agradecimiento. Siente cómo aumenta tu espiritualidad y tu conexión con las dimensiones y jerarquías de luz. No existe ningún sentimiento de odio ni rencor hacia nadie.

Trae una maravillosa luz violeta centelleante justo delante de tu cara, como una fuente de amatista que lanza destellos y luces. Hazlos brillar, hazlos cada vez más brillantes. Deja que entren directamente por tu tercer ojo. Permite que su luz inunde tu conciencia. Siente cómo se produce un cambio de conciencia, que todos los pensamientos y sentimientos negativos e inadecuados desaparecerán y son sustituidos por otros positivos y bellos. Siente cómo aumenta tu espiritualidad y tu conexión con las dimensiones y jerarquías de luz. Advierte que tu oído se fortalece y siente que puedes ver y escuchar cosas lejanas, muy lejanas. Donde quiera que lo desees, disfruta de esta nueva sensación, alégrate con ella.

Finalmente, extrae del campo universal de energía una bellísima luz blanca, pura y vibrante, por encima de la cabeza. Esa luz es absolutamente brillante, con destellos plateados. Dale la forma de una esfera por encima de tu cabeza. Permite que tu conciencia se llene de ella. Siente la elevación, la purificación y la ascensión que produce esa potente luz sobre tus cuerpos, tus sentimientos y tus emociones. Te produce tal elevación de conciencia que eres capaz de entender y conectarte

...ᴜ conciencia universal, lo cual te da paz, armonía y equilibrio. Solo el conocimiento y la sensación de la unión perfecta con Dios Padre-Madre Creador nos hace sentir en absoluta paz, libertad y serenidad. Disfrútalo y agradece al Padre por esta oportunidad de entrar en su contacto directo.

Ahora que tus sentidos retornan, uno a uno, ve lo sensibles que son. A medida que vuelves a tu plena conciencia, advierte que estás completamente reanimado y relajado, rejuvenecido y agradecido. Si quieres hacer la meditación, puedes grabarla con tu voz y luego escucharla cada vez que lo desees.

Nota: Puedes grabar los ejercicios de contemplación y meditación con tu voz y practicarlos cada vez que lo desees.

El poder de los ángeles y arcángeles

En los últimos años, el número de personas que han relatado experiencias con los ángeles va en aumento. Encuestas recientes han determinado que más del ochenta por ciento de la población del mundo cree en estas figuras celestiales. Estos seres de luz son mensajeros divinos, cuya misión en la Tierra es la de servir a la humanidad y de guiarla por el buen camino. Los ángeles siempre han estado con nosotros desde el inicio de los tiempos. Antes la comunicación con ellos era algo natural porque el hombre respondía a su propia y natural esencia divina. Conforme el tiempo pasó, el ser humano empezó a interesarse más en lo que conformaba su mundo material y se olvidó por completo de su mundo espiritual; en ese momento, las conexiones angélicas desaparecieron de los ojos y la mente humana, aunque en realidad los ángeles nunca se separaron de nosotros, siempre han estado aquí y eso es independiente de nuestras creencias, filosofía, costumbres o religión. Ellos continuaron en nuestro mundo, fuimos nosotros los que nos separamos de su fuerza e influencia.

En estos momentos se está viviendo un movimiento angélico muy interesante, tal pareciera que los ángeles se pusieron de moda, aunque no es así, los ángeles no pertenecen a ninguna moda, no es un "chispazo" pasajero; ellos vienen a acompañarnos y asesorarnos en este trance tan importante que estamos viviendo: el cambio de una era. Este paso hacia la era de Acuario es de total trascendencia, es lo que mueve a los ángeles a hacerse presentes de una manera más perceptiva y lo que hace al ser humano tener la necesidad de "algo más". Ya hemos comprendido que el mundo material solo corresponde a una fase de nosotros, pero no lo es todo. El ser humano necesita llenar los vacíos espirituales que lo llevan a cometer actos que no pertenecen a su esencia. Circunstancias como la violencia, las adicciones, las depresiones, la pobreza y las enfermedades son solo algunas manifestaciones de este vacío espiritual. Mientras el hombre no comprenda la magnitud de su esencia, seguirá sufriendo por estas mismas causas, las cuales no representan el destino trazado por Dios ni los ángeles, son los destinos que el hombre ha creado a partir del egoísmo y el materialismo a los que siempre le han brindado tributo.

Poco a poco, los ángeles han empezado a llenar al mundo con su presencia, los vemos en las iglesias, en pinturas, en la música y hasta en las películas. Esta invasión se ha producido por la inducción de los ángeles mismos; son ellos los que inspiran al hombre a crear imágenes que tratan de interpretar su identidad para que de alguna manera el hombre inicie su búsqueda y pueda reconocerlos.

Definitivamente, todas las imágenes que se distribuyen en los medios comerciales no son las imágenes reales de los ángeles. Ellos son seres de luz, no tienen una forma física definida, no tienen sexo, no tienen alas y mucho menos arpas. Son identidades que han evolucionado y se encuentran en una dimensión diferente de la nuestra. Muy pocas personas han tenido la suerte de ver a los ángeles, pero muchos si han podido sentir su presencia en la vivencia de "milagros" o en las coincidencias de la vida que nos van guiando en el camino. Los ángeles también se manifiestan en los amigos que conocemos y las ayudas que nos ofrecen.

En muchos momentos hemos tenido contacto angelical, en nuestros sueños y premoniciones. Los ángeles están involucrados en los grandes inventos, en los descubrimientos revolucionarios y en el éxito de cada proyecto. Vivimos en un mundo de ángeles…, bastará un corazón lleno de amor para ser testigos de ello.

El poder de los arcángeles y su relación con el hombre

¿Qué son los ángeles? Son seres espirituales que existen en las dimensiones más elevadas que influyen e interactúan con el mundo físico en el que vivimos. Los ángeles pueden ser una mezcla de elementos espirituales, psicológicos y energéticos. La palabra "ángel" deriva del término griego "*angelos*", que quiere decir "mensajero". Los ángeles son la luz de nuestra vida, son quienes van marcando nuestro camino, protegiéndonos del peligro y abogando por nosotros ante Dios. Es su misión para ayudarnos en nuestra evolución, así como en la evolución de ellos mismos.

Un ángel es un ser eterno porque su esencia es el espíritu, por eso es inmortal, no tiene principio ni fin. Hay que subrayar que nosotros también somos eternos, nuestro espíritu no muere. Nuestro cuerpo físico es el que tiene una edad cronológica y cuando ya no le es necesario al alma esta lo desecha, a este proceso le llamamos "muerte". Es la muerte de nuestro cuerpo físico para darle paso a la evolución de nuestra alma.

Y así como el espíritu de un ángel es eterno, también el número de ángeles es infinito e incalculable. Un ángel es "andrógino", no tiene sexo, ya que en ellos se unifican el femenino y el masculino. La diferenciación del sexo corresponde únicamente al cuerpo físico. Una persona puede tener no uno, sino muchos ángeles custodios de los cuales algunos estarán con ella toda la vida, mientras que otros buscarán distintos caminos según su propia evolución.

Existen algunas teorías que dicen que un ángel no es más que una conexión de la mente, algo que el ser humano fabrica, pero que realmente no existe; hay quienes se resisten a creer en seres etéreos provenientes de la divinidad. Desde mi punto de vista, no importa de dónde provengan, si tenemos un ángel guardián o muchos o si tiene o carece de nombre. Lo que realmente importa es que tienen la misma voluntad de amor y servicio hacia la humanidad, y cuando nosotros tomamos la decisión de invitarlos a formar parte de nuestra vida de manera directa y visible, es cuando empezamos a vivir muchos cambios y a ser testigos de muchos milagros; es entonces cuando tomamos conciencia de su presencia.

Algo verdaderamente hermoso es darnos cuenta de que la asesoría angelical es totalmente incondicional; ellos no tienen ninguna preferencia por razas, estatus social, sexo o si somos creyentes o no. Ellos simplemente nos ayudan sin juzgarnos. Ellos comprenden que los errores que podemos cometer son normales, tomando en cuenta nuestro nivel de evolución. Ellos se encargarán de regresarnos continuamente a nuestros orígenes y facultades espirituales. Ahí permanecerán, ayudándonos de manera silenciosa e imperceptible.

Los ángeles no tienen autorización para contradecir nuestro libre albedrío, nunca tomarán decisiones por nosotros, porque eso también forma parte de nuestro aprendizaje. ¿Qué podríamos aprender si tenemos a alguien que resuelve todo en nuestra vida? Recordemos que solo sirven de guía. Ellos podrán encargarse de poner las mejores oportunidades en frente de nosotros, pero nosotros decidiremos si las tomamos o no.

Los ángeles no te pueden llenar de lujos y facilitar el acceso al dinero excesivo y sin responsabilidad. Tengamos presente que ellos tienen una mejor visión, más amplia, y pueden ver aquello que nosotros no vemos; por lo tanto, te facilitan las oportunidades y pueden acrecentar tu sensibilidad e intuición para tomar decisiones. Por otro lado, puedes contar con su ayuda para realizar "pequeños milagros", como "retrasar" la luz verde del semáforo o encontrar cosas que tenías perdidas.

Un ángel es un mensajero de Dios, es un enlace entre el ser humano y Dios. Estos seres habitan las dimensiones que existen entre el ser humano y la amada Presencia, y como en el universo no hay nada perfecto, también los ángeles evolucionan y las dimensiones que habitan dependerán del grado de evolución que ellos tengan. La creación es eterna y todo, absolutamente todo, está en continua evolución, no dejamos nunca de aprender, aunque la conciencia del ser sea tan pura como la conciencia de un ángel.

Es muy difícil para la mente humana tratar de imaginar los mundos sutiles en los que vive y se desarrolla un ángel; nosotros nos limitamos a imaginar e idealizar, pero todo va mucho más allá. Los mundos sutiles se viven de manera muy diferente, es ahí donde tomamos conciencia de la unidad y nos sentimos integrados al Todo.

La naturaleza de los ángeles es la misma que la del ser humano: espiritual, como bien dicen algunos maestros cuando afirman que nosotros, los seres humanos, somos criaturas espirituales viviendo en un cuerpo físico. El ser humano y los ángeles somos de naturaleza espiritual, la diferencia estriba en que un ángel no tiene cuerpo físico. Tenemos que aprender a dominar esta dimensión y nuestro cuerpo físico; cuando logremos dominarlo, podremos penetrar los mundos sutiles y espirituales.

Tenemos la misma esencia, pero no tenemos el mismo grado de evolución; por eso, aunque en muchos casos podamos sentir a nuestro ángel cerca, aun cuando lo sintamos en medio de nuestros sueños o en las coincidencias que guían nuestra vida, será muy difícil que podamos verlos corpóreamente. Nuestra frecuencia vibratoria es muy diferente y el ojo humano no está capacitado para detectar seres de alta frecuencia vibratoria.

Nada está inmóvil, todo se mueve, todo vibra.
(*El Kybalión.*)

El tercer principio hermético nos habla de la vibración y nos explica cómo todo lo existente en el mundo, en el universo y en todas las dimensiones, vibra. Todo ser u objeto vibra. Mientras más sutil es el ser, vibra a más alta velocidad, en tanto que más denso, vibrará más lento. El ser humano tiene una vibración física más lenta, mientras que un ángel es de muy alta frecuencia. Este fenómeno los podemos explicar con este ejemplo: las hélices de un avión en marcha son difíciles de apreciar debido a la velocidad a la que se mueven. Cuando giran más lento, o se detienen es cuando podemos apreciar su forma. Lo mismo pasa con los seres humanos y los ángeles; los primeros vibran a tan baja frecuencia que pueden ser vistos a simple vista, mientras que los ángeles tienen una vibración tan superior a nosotros que no alcanzamos a observarlos. La reconocida autora Helena P. Blavantsky lo define de esta manera: "El espíritu es materia en su más elevado estado de sutilidad y la materia es espíritu en su expresión más densa".

Los ángeles son seres cuya frecuencia es muy alta, es decir, hacen vibrar a tal velocidad sus átomos que pasan al estado radiante, generan luz; por eso se les llama "seres de luz". Los ángeles pueden alcanzar una mayor expansión y contracción que el ser humano porque sus cuerpos son más fluidos. En esta era de ángeles es muy común enterarse de contactos angelicales; mucha gente dice haber visto uno o varios ángeles; quiero decirte que no es sencillo poder ver un ángel, precisamente por su frecuencia vibratoria. Ver un ángel es un privilegio que pocas personas disfrutan. Cuando una persona ha conseguido acelerar su fuerza vibratoria como resultado de un trabajo espiritual serio, sostenido y honesto para elevar su nivel de conciencia, es posible que alcance la dicha de apreciar a uno de estos seres en todo su esplendor. Nosotros no podemos aspirar a que la amada Presencia de Dios o los ángeles vengan a nosotros, somos nosotros quienes tenemos que elevar nuestras almas hacia ellos.

¿Cómo elevar nuestra frecuencia vibratoria?

Siendo mejores cada día de nuestra vida y aprendiendo al llevar todo lo aprendido a la práctica y no dejarlo como pura información. Medita, vive en el amor y el servicio en la Creación. Todo acto que deriva del amor limpia y expande tu energía, acelerando tu frecuencia vibratoria. En cambio, todos los actos que no derivan del amor, como el rencor, el resentimiento, la tristeza, la depresión, la preocupación, el miedo, etcétera, crean bloqueos en tu energía deteniendo su flujo natural y haciendo que tu aura se torne gris, y perdiendo toda esperanza de contacto angélico. Recuerda que la comunicación directa con ellos depende en mucho de nuestra calidad humana.

Cuando una persona se eleva en busca de un ángel, este puede manifestarse ante ella, pero nunca en su forma natural. El ángel, por medio del pensamiento, adoptará alguna forma de baja frecuencia que permita a la persona verlo, no olvides que todos somos instrumentos de la amada Presencia, así que los ángeles pueden aparecer disfrazados de seres humanos. Alguna vez te has encontrado en medio de un conflicto y aparece, así de la nada, alguien con la solución perfecta. No dudes de que ese ser pueda ser un ángel que adopta la forma humana para auxiliarte.

Una de las grandes diferencias entre nuestro mundo material y el mundo sutil de los ángeles es el sentido de la "ubicuidad". Aparentemente, un ángel puede estar en dos lugares a la vez. En la dimensión de los ángeles, el tamaño de su conciencia determina la dimensión que ocupa en el espacio, el tamaño de su conciencia la define el grado de evolución que tiene el ángel. Por eso, un mismo ángel puede atender la petición de un ser humano en España al mismo tiempo que en México.

Podríamos describir la conciencia de un ángel como su aura; dependiendo del grado de evolución que tenga, la cantidad de luz que expela será proporcional a la fuerza de su vibración. En el caso del ser humano, por nuestro grado de evolución, contamos con un cuerpo físico al cual debemos transportar si queremos llegar a algún sitio; en el caso de los ángeles es distinto, ellos no tienen cuerpo físico que transportar y por su luz abarcan una gran extensión de espacio. Debemos tomar en cuenta también que el concepto de "espacio" cambia en cuanto a nuestra percepción; por ejemplo, si queremos contactar con un ángel, en este caso con el ángel de los árboles, podremos hacerlo desde cualquier lugar, ya que su luz abarcará todo sitio donde existan árboles.

Los ángeles son los encargados de la evolución del planeta Tierra, por lo tanto están al pendiente de todo cuanto ocurre en él. Los avances científicos y tecnológicos de la humanidad son apenas una pequeña muestra de la influencia angelical que se ejerce en el mundo, aun sin tenerlo nosotros en conciencia.

Cada ángel desempeña cargos que corresponden a su grado de vibración y, en general, la labor de todos es guiar la evolución del espíritu hacia el plan divino de la amada Presencia. Para ello trabajan en la regulación las energías, las emanaciones cósmicas y las fuerzas sutiles.

Así compensan el mal uso que el hombre hace de su propia energía y de su libre albedrío. Cada cosa y cada ser viviente tiene su propio ángel: los hombres, los animales, las plantas, los minerales, los astros, todo tiene su ángel.

Por lo general, cuando hablamos de ángeles, lo hacemos pensando en imágenes religiosas o místicas que encontramos en los templos; pensamos que su ayuda y guía funciona solo a nivel espiritual; que cumplen una misión exclusiva de protección, y aunque están ahí, su presencia no se limita a un solo espacio; pero los ángeles también están en la política, en las leyes, en la ciencia, en la tecnología, en las escuelas, en los hospitales, en la industria, en los centros de diversión, en la evolución espiritual, etcétera. En esos casos, los ángeles no se presentan como tales, sino que eligen a las personas adecuadas para cumplir el plan divino, escogen a quienes pueden aportar algo en esa área del saber que le fue asignada; de esta manera indirecta los ángeles guían la instrucción de esa persona y le ponen pruebas para comprobar su conocimiento.

¿Alguna vez has tenido algún deseo incontenible de aprender algo o de crear algo? Así se manifiesta la asesoría indirecta de los ángeles, que no solo te "inyectan el deseo", sino que ponen ante ti los recursos necesarios para que tomes las herramientas que necesitas para cumplir el fin que se te ha encomendado.

Los ángeles también participan de una manera personalizada: consuelan, ayudan, protegen, guían en la vocación de los adolescentes, guían durante la meditación. Están los ángeles de la música, del arte, de los colores, de los aromas, de los proyectos, de las ideas, de la creatividad, de las buenas noticias, de la alegría, de la misericordia, del perdón, de los montes, los mares, etcétera. Todo ser, todo hecho y toda circunstancia tiene su ángel.

No se limitan al mundo físico ni al planeta Tierra, su labor va más allá y abarca el universo entero. Son capaces de proyectar el futuro. También son conductores de los astros y ejecutores de las leyes divinas. Aunque parece increíble de imaginar, hay ingenieros siderales que planean las órbitas y analizan todas las atracciones y repulsiones, y son los que estudian las influencias astronómicas y astrológicas. Están también los colaboradores siderales que trabajan asimismo en mundos pertenecientes a otros sistemas solares; mundos mucho más adelantados que el nuestro. La cúpula del firmamento gira gracias a su acción. Influyen en todos los aspectos planetarios y en la creación de todo lo material. Forman el ejército de Dios, su corte; transmiten órdenes y velan sobre todo el mundo; son los guardianes de la humanidad y cada ser humano tiene uno de estos divinos seres que lo acompaña; desde el momento en que sale como alma del seno de Dios, dicho ángel guardián lo guiará, protegerá y proveerá cubriendo todas sus necesidades.

En breve, podríamos decir que todo lo que realizan los ángeles es para elevar el espíritu, para apoyar y nutrir el cuerpo físico de los seres humanos, el cual constituye en sí mismo una alabanza a Dios. Ellos están integrados a Dios en todos los momentos de su existencia, su vida cotidiana es Dios y este mismo fin, tarde o temprano, será también del ser humano.

Cuando hablamos de ángeles se despierta en la gente una gran curiosidad por "hacer contacto" con ellos. Todos queremos conocer a nuestro ángel, conocer su nombre y, sobre todo, queremos vivir aquellos milagros de los que tanto se habla. Antes de pensar en acercarnos a ellos, debemos pensar en nosotros mismos, en quiénes somos, qué hacemos y hacia dónde vamos. Nuestros ángeles se comunican con nosotros a través del aura, es nuestro campo de energía lo que ellos perciben. Ellos no nos ven en cuerpo físico. Ellos saben quiénes somos en realidad porque nuestra identidad está plasmada en nuestra aura. Los pensamientos, así como los deseos, las intenciones, los sentimientos, las palabras y las acciones son vibraciones que al salir de quien las emite inmediatamente impresionan la sustancia del cuerpo mental reflejando un color, luego se convierten en formas de vida que actúan y afectan a todo aquello con lo que se ponen en relación.

A nivel energético, nuestros pensamientos y actitudes son los que le dan color al aura. Si nuestros pensamientos y acciones derivan del amor o la bondad, nuestra aura estará matizada de colores claros. Si nuestros pensamientos y acciones provienen del rencor o el miedo, nuestra aura se irá tornando gris. Mientras más "oscuros" sean nuestros pensamientos, más denso será nuestro campo energético; hay quien tiene un aura totalmente negra.

Establecer contacto con nuestros ángeles no es tan fácil como lo hacen creer muchas teorías; ya vimos que debemos tener un cierto grado de conciencia y evolución que nos permita mantener nuestro campo de energía en buenas condiciones. No podemos darnos el lujo de gastar nuestra energía en preocupaciones y depresiones que sabemos que no tienen solución, no podemos invertir nuestra energía envidiando a nuestro vecino u odiando a nuestros semejantes, tampoco podemos vivir presos del miedo, ya que esto denota nuestra falta de fe hacia la vida, hacia Dios y hacia nuestros ángeles. ¿Por qué le tememos tanto a la vida si nuestro único propósito es encontrar la felicidad? ¿Por qué complicarnos tanto la vida sumergiéndonos en situaciones y sensaciones que nos llevan directamente al dolor?

Al hacerle alguna petición a nuestro ángel, debemos tener claro qué es lo que pedimos y para qué, ya que la calidad de nuestra petición también queda plasmada en nuestra aura, es decir, no podemos mentir acerca del fin real que persigue nuestra petición, porque nuestros ángeles lo detectan; no podemos engañarlos y tampoco podemos aspirar a que sean nuestros cómplices en actos que vayan en contra de la ley de la amada Presencia de Dios. Ellos conocen mejor que nosotros quiénes somos en realidad, cuál es nuestra esencia, lo que necesitamos y lo que deseamos. Por medio de nuestros pensamientos, también podemos modificar la forma y la estructura de nuestra aura, es decir: un pensamiento bien definido y constante creará un aura bien delineada y definida; en cambio, los pensamientos esporádicos o inconstan-

La mente próspera y el arcángel Uriel

tes solamente emitirán color, pero no tendrán ninguna forma, ni estructura.

En estos momentos, el planeta Tierra está sufriendo cambios muy fuertes en todos los ámbitos: económico, espiritual, fenómenos climáticos, naturales, entre otros. Todos estos cambios se deben a que estamos en un cierre de era, en medio de una etapa de transición. En cada cierre de ciclo, la presencia de los ángeles se hace más evidente porque saben que la humanidad requiere de más atención, de guía y de ayuda, pues los cambios se dan porque son los designios de Dios, pero la humanidad, como ente creador, prepara las condiciones en que se darán los cambios. Gracias a nuestro libre albedrío decidimos si el cambio se hará de una manera natural y positiva o de una forma dolorosa.

Lamentablemente, el ser humano, en estos momentos, ha elegido un trance lleno de sufrimiento. Recordemos que nuestros pensamientos y actitudes son lo que crea nuestra realidad. En estos momentos hay una contraposición, mucha energía reunida por muchos seres del planeta que nos aportan las vibraciones emanadas por las condiciones de cambio. Por otro lado, hay muchos seres en servicio que están trabajando en todo el mundo con el objetivo de elevar la energía positiva de la Tierra respondiendo a esta energía y de manera intuitiva están deseando un cambio de conciencia. Los cambios de era son parte de la estructura que ha creado Dios para nuestra propia evolución; recordemos que estamos en una escuela donde debemos continuar el aprendizaje dentro de nuestro ciclo de evolución.

106

El mundo no se acaba, la humanidad no sucumbirá totalmente, todo lo referente a las profecías y a tanta especulación resulta falso. Si se acabara parte de la humanidad sería por elección propia de esas almas. Quien organiza una guerra, quien crea violencia, secuestros u homicidios está fraguando su propia muerte, por su libre albedrío tiene la capacidad de elegir y por ser creador tiene la capacidad de crear. Es lamentable que buena parte de la humanidad está malgastando la energía divina y el poder que se le ha otorgado creando un mundo de terror, un mundo lleno de abusos y hambre de poder, pero a fin de cuentas, por la ley de causa y efecto, cada quien recibe en la misma proporción y calidad de lo que da. Se cosecha lo que se siembra.

Todavía hay mucho que aprender, hay mucho por vivir y los ángeles están aquí para darnos su apoyo, su luz. Convirtámonos en servidores de Dios y ayudemos a elevar la energía del planeta. Si nosotros queremos que ellos participen en nuestra vida de forma activa y, sobre todo, de manera que nosotros lo notemos, debemos hacerles una invitación abierta, en voz alta o mental, hablarles y decirles que deseamos que se manifiesten ante nosotros de manera perceptible. Ellos no lo harán si nosotros no dejamos en claro nuestro deseo, ya que ellos respetan nuestro libre albedrío. Una vez que hemos hecho este llamado, el contacto se hará visible para nosotros y bastará nuestra fe para empezar a vivir dentro del milagro.

Cuando les pedimos a nuestros ángeles que se manifiesten ante nosotros, debemos estar atentos a todo cuanto sucede a nuestro alrededor porque cada suceso puede llevar impresa la luz-guía de nuestro ángel. Muchas veces esperamos sucesos enormes, llamativos, estruendosos, pero no es así, un ángel se comunica con nosotros de una manera sutil, nos susurra al oído, el amor siempre está presente y siempre será de manera suave, tierna y sutil.

Abre tu corazón a los ángeles para tener siempre la capacidad de escucharlos y percibir en cada instante dónde han dejado su huella, su luz y su guía. Hacer contacto con un ángel es realmente fácil porque es algo natural en nosotros, el problema es que en la mayoría de los casos hemos perdido esa esencia divina o espiritual que nos acerca a ellos. La única manera natural de acercarnos a un ángel es por nuestra propia esencia y energía, aquella que se emana al tener pensamientos y sentimientos positivos. Cuando hacemos el bien, cuando oramos por el bien del mundo para que haya paz, salud, abundancia y armonía para todos, sin sentimientos egoístas, los ángeles entran en contacto con nosotros.

Los ángeles aprovechan los momentos de luz del ser humano para acercarse a ellos; dichos momentos son breves y por eso debemos trabajar por alargarlos, las buenas acciones y pensamientos, la meditación y la oración crean esos momentos de luz. Si mantenemos pensamientos negativos, como la depresión, la angustia, la autocompasión, deseos de venganza, rencor, inconformidad, etcétera, estamos levantando un muro imposible de traspasar por un ángel.

Hemos dicho ya que nosotros somos los creadores de nuestra vida, lo hacemos a través de nuestras actitudes y pensamientos. Si nosotros queremos invocar a un ángel en condiciones negativas, posiblemente recibiremos respuesta, pero no podemos asegurar que se trate de un ángel. En el mundo de las dimensiones existen muchas clases de entes, seres que tienen diferente vibración energética, que pueden ser de la misma que nosotros, inferiores o superiores. Si contactamos a uno de vibración inferior, solo lograremos que interfiera en nuestra vida de manera negativa (tal como vibra él) y esto bloqueará nuestras oportunidades, nuestros proyectos y todos nuestros deseos. Los ángeles trabajan con la luz y por eso nosotros debemos ser luz también, debemos iluminar por medio de nuestros pensamientos y acciones.

Analiza los siete pecados capitales y contrarréstalos sustituyéndolos por su opuesto, no los quites porque al hacerlo también estarás eliminando la virtud que llevan intrínseca. Debemos tomar en cuenta que negativo y positivo es lo mismo, solo que en polos opuestos; es decir, si en un extremo pones al amor y lo vas "matizando", verás que llegas al otro extremo: el odio. Lo importante no es anular el odio, sino transmutarlo en amor.

A continuación te damos una lista de los siete pecados capitales que debemos transmutar en la virtud que se les contrapone:

La soberbia se contrarresta con la humildad.
La avaricia se contrarresta con la generosidad.
La lujuria se contrarresta con la castidad.

La ira se contrarresta con la paciencia.

La envidia se contrarresta con la caridad.

La gula se contrarresta con la templanza (moderación).

La pereza se contrarresta con la diligencia (actividad).

Para que podamos mantener comunicación continua con nuestro ángel, es necesario afinar en nosotros los siguientes pasos:

Primer paso: el perdón. En capítulos anteriores ya hablamos acerca del efecto de los pensamientos negativos en nuestro sistema energético. El rencor es de los sentimientos que más albergan oscuridad, ya que lleva en sí mismo muchas emociones conjuntas. Cuando se guarda rencor se obstruyen los centros energéticos de nuestro cuerpo y damos paso a enfermedades, depresión, angustia, etcétera. El aura permanece oscura y densa; se forma una barrera energética de baja vibración que dificulta la entrada a energías celestiales. Si albergas dentro de ti rencor o resentimiento y quieres hacer contacto con los ángeles, tendrás que trabajar primero contigo mismo para liberarlo. El siguiente ejercicio te ayudará en la tarea de perdonar.

Ejercicio del perdón

Reza diariamente la oración del perdón, hasta completar 21 días (3 múltiplos de 7). Puedes hacer este ejercicio con la luz de una vela. Al hacer esta oración, estás solicitando también la ayuda de los ángeles del perdón, los cuales se integrarán a tu energía para desde ahí darte la luz y guía que requieres para conseguir perdonar y valorar la libertad que da el perdón.

Oración del perdón

> "Ángel de mi guarda: de acuerdo con la voluntad de la amada Presencia de Dios, Yo Soy en mí, y en nombre del maestro Jesús, por favor ayúdame y dame la fuerza para perdonar a todas las personas que considero que me han hecho daño, especialmente a_____ (mencionar al o los que crees que te han ofendido). También pido perdón a los que yo he perjudicado, especialmente a_____ (mencionar al o a los que tú has ofendido). Intercede por mí para que los ángeles del perdón les lleven amor, salud, paz y felicidad.
> Gracias, querido ángel guardián.

Segundo paso: mantener nuestro pensamiento enfocado en nuestro ángel; pensar en él todo el día, invitarlo a acompañarnos en todas nuestras actividades, platicar con él en todo momento, compartir los buenos y malos momentos, solicitarle su ayuda, su luz y su guía en los momentos de duda, indecisión o dolor.

Mantener nuestra mente enfocada en nuestro ángel es una invocación continua. Aquello en donde se sitúa tu pensamiento se materializa, sea lo que sea. Esta comunicación se compone de tres fases: el pensamiento en nuestro ángel, dialogar continuamente con él e invitarlo a formar parte activa de nuestra vida.

3. El tercer paso: la meditación. Practica la meditación con tu ángel, de esta manera estarás construyendo una unión sólida. La meditación tiene muchos beneficios que te ayudarán a transformarte a ti mismo, a desechar los pensamientos y recuerdos que estorban, a tomar una actitud positiva ante la vida y limpiarás tu energía y dimensión a la mente; podrás contactarte con tu ángel de una manera más profunda. Además, podrás establecer un diálogo recíproco, en el que podrás preguntar y escuchar la respuesta que necesitas. Podrás definir las señales, los caminos, abrirás tu percepción, tu corazón y encontrarás la paz. La paz interior es necesaria para lograr establecer contacto con cualquier ser celestial. Asume una posición cómoda, sentado con la espalda recta y con las manos sobre las piernas. Cierra tus ojos, suéltate y empieza a concentrarte en estas palabras. Relájate tranquilamente:

Meditación angélica

Desde este momento imagina que en el lugar donde estás hay varios ángeles; presta atención, deberás usar los sentidos. Hay dos ángeles resplandecientes, son seres de luz, todo el espacio que tú puedes visualizar se está limpiando gracias a la presencia de estos seres; visualiza todo tu espacio ya transformado en un sitio lleno de luz, de colores resplandecientes. Los ángeles están esparciendo polvo de oro por el espacio y tú lo puedes alcanzar a percibir. Estás allí sentado mientras el polvo de oro de los ángeles te baña, te inunda, estás protegido por ellos porque hoy es un día muy especial, hoy tú te contactarás con tu ángel de la guarda. Hoy tú estás atrayendo a muchos ángeles porque ellos quieren participar en este acontecimiento, ellos quieren llenarte de amor, tranquilidad, armonía, felicidad; quieren expresarte su agradecimiento porque te estás acercando en su búsqueda; todos los ángeles festejan este momento, están felices, hay fiesta en el cielo.

Mantén en tu mente a los ángeles que te rodean, que te sonríen, que te aman. Ahora concéntrate en tu respiración, imagina que estás inhalando aire color dorado y exhalando tensiones; inhala aire dorado y, al exhalar, imagina a los ángeles transformando tu exhalación en una luz blanca, resplandeciente, que brilla con todos los colores; es un arcoíris de colores. Respira profundamente inhalando aire dorado y exhalando colores bellos, esplendorosos; el aire dorado que inhalas es la energía divina que los ángeles llevan hacia ti, te llenan con esa energía en cada inhalación; inhala esa luz dorada que transportan hacia ti los ángeles, que es felicidad, paz, tranquilidad, armonía, amor; y al exhalar, todo lo discordante es convertido en bendiciones, todo lo que tú exhalas se convierte en bendiciones que llenan tu espacio y viajan cubriendo a tus seres queridos, a todos los que forman parte de tu entorno; inhala amor del cielo y exhala bendiciones para todo el planeta, todo lo que sale de ti se convierte en paz, amor, abundancia y espiritualidad, en lluvia de oro que son bendiciones y cubren todo el planeta Tierra; tú eres un centro de bendiciones, tú eres un conducto que los ángeles agradecen para iluminar la Tierra; inhala luz dorada y exhala un arcoíris de bendiciones: estás bendiciendo con tu respiración.

Ahora, imagina que todo tu espacio está cubierto con una gran burbuja blanca, transparente, con fulgores dorados, azules, violetas; tú estás dentro de esta burbuja esplendorosa; tú junto con los ángeles están en este lugar especial, sagrado, protegido. Ahora solo lo que vibra en amor puede acercarse a ti, por eso continuamente, mientras dure esta meditación, verás que más ángeles se van acercando a ti para saludarte, para aumentar el resplandor de tu espacio; por eso, cada vez atraes a más ángeles, porque desde este momento empezarás a llamar la atención de los seres de luz, desde este momento empiezas a proyectar más resplandor, desde este momento empezarán a acercarse a ti los ángeles y también los seres humanos; empezarás a notar que cada día hay más personas que quieren estar dentro de tu aura, quieren que les proyectes un poco de tu resplandor.

Meditación para hacer contacto con los ángeles

Escucha una suave melodía, es una armonía celestial; escúchala lleno de amor, es la música de los ángeles que te anuncia que tu ángel guardián está junto a ti, siente su amor, te inunda de amor, siéntelo, percíbelo con los sentidos de tu alma, con tu corazón Escucha las notas de amor que te emite tu ángel, escúchalas.

Percibe ahora el aroma de las flores, es el perfume divino, los ángeles te bañan con aromas florales, de campo, son esencias de amor, de belleza y armonía. Aspira estas fragancias celestiales que emanan de los ángeles. Siente cómo tu ángel guardián te cubre con su fragancia esplendorosa; todo tú estás inundado de este perfume angelical, de esta esencia divina que es especial para ti; todo tu espacio está lleno de música angelical, de fragancias divinas, de luces, de polvo de oro, todos los ángeles siguen esparciendo polvo de oro, son bendiciones, te bendicen continuamente, te llenan de amor, armonía, paz, felicidad. Siente que te sumerges más y más en este estado de conciencia, no existen ni el tiempo ni el espacio; tú estás dentro del esplendor de colores, de música, de aromas, de amor.

Ahora, desde este bellísimo estado de conciencia, visualízate a ti mismo: llevas puesta una túnica blanca, suelta, de algodón; estás descalzo y estás entre las nubes. Todos los ángeles están flotando alrededor tuyo, todos se acercan a ti, te abrazan, te sonríen, son tus amigos, tus hermanos, y están felices porque quieres conocer a tu ángel guardián.

En este momento percibes una luz más fuerte, más bella, más resplandeciente; esta luz te cubre completamente, te inunda, penetra en cada una de tus células y sientes más amor, te llenas de amor, es un sentimiento nuevo, nunca has sentido el amor como ahora; tú eres solamente amor, nada más hay en ti, solo amor, estás recibiendo amor, percibes el color del amor, todos tus sentidos espirituales se impregnan de este color, de fragancias de amor; tú eres el amor total y completo, sientes el amor profundo de Dios, tu Padre, ahora sabes que él te ama, que siempre te ha amado y que siempre te amará. En este momento tienes una visión instantánea, es una imagen divina, áurea, y de su corazón salen miles de rayos dorados. Es bellísima, es una silueta divina, una visión de oro resplandeciente, te faltan palabras para describirla porque todo sucede en un instante. Siempre recordarás esta imagen, siempre la amarás. Ahora ya sabes, ahora sabes que todo es verdad, sabes que tienes el amor de tu Padre, que Él nunca se separa de ti.

Es tu ángel quien ahora se manifiesta, resplandeciente; es la personificación de tu alma, es tu ángel guardián. Se acerca a ti, cada vez te ilumina más, te abraza, te estrecha fuertemente en sus brazos, te sigue transmitiendo amor. Ahora acaricia tu rostro, besa tu frente, te sonríe con ternura, tus sentimientos se agolpan en el pecho y brotan, tú le dices:

Te amo, ángel mío, te amo con todas las fuerzas de mi ser, perdóname por no haberme acercado antes a ti. Tú que siempre has estado esperándome, desde este momento, mi divino ángel, te ruego que me ayudes para que ahora que te he encontrado jamás me aparte de tu lado. Por favor, tómame siempre en tus brazos, llévame como a un niño tierno, Quiero estar acurrucado en tus brazos, quiero tener siempre mi cabeza descansando sobre tu pecho, quiero estar apoyado en tu corazón. Por favor, condúceme siempre por el camino de la vida, por el camino para llegar hasta Dios.

Tu ángel te estrecha más fuertemente sobre su corazón y en este momento te habla, te dice su nombre. Deberás escuchar con los oídos de tu alma. Recuerda que el nombre que tú percibes es el que tu ángel sabe que te ayudará a evolucionar, porque es el nombre cuya vibración hará "milagros" en ti. Nunca debes dudar cuando estás con tu ángel; con él siempre estarás protegido. Nada discordante podrá acercarse a ti mientras estés en brazos de tu ángel. Ahora entrégate a tu ángel y escucha con mucho amor que te dice:

Yo Soy tu ángel guardián, he estado a tu lado desde el día en que nació tu alma. Mi nombre _____. Yo Soy quien, en los momentos difíciles, de soledad, de tensión, te envío sentimientos de esperanza, de amor, de paz, de consuelo. Cada día se acorta más la distancia entre tú y yo porque tú lo has querido, porque te estás acercando a mí. Desde hoy, siempre que tú me lo permitas, yo te guiaré, te protegeré y veré por ti. Te amo con toda mi naturaleza angélica y es tan grande y profundo mi amor por ti que no existe nada en el mundo capaz de lograr que yo deje de amarte, porque lo que amo en ti es Dios, Nuestro Padre, que vive en ti. Habla siempre conmigo, búscame mentalmente en cualquier lugar, porque siempre estoy junto a ti esperando que me determines. Quiero que te apoyes en mí, que permitas que yo te guíe, porque recuerda que el camino que tú deberás seguir para llegar a Nuestro Padre yo ya lo conozco. Ven siempre a mis brazos. Apóyate en mi corazón. Permite que yo te enseñe a amar a nuestro Padre en todos los seres humanos, en todo lo que ha salido del seno de Dios.

Ahora, contempla a tu ángel con ternura, con profundo amor, tu alma sonríe de amor, de entrega, de devoción; amas a tu ángel y él siente ese amor. Desde este momento tu vida ha cambiado, tú has permitido que tu ángel se integre a ti. Desde este momento, cada vez que puedas, deberás visualizarte en brazos de tu ángel, donde estés: en la escuela, en el trabajo, en la casa, en el coche, en el autobús, caminando, mientras te bañas, mientras comes. No importa lo que estés haciendo, siempre visualiza que tú estás más cobijado por las alas amorosas de tu ángel, y cada noche, cuando te retires a dormir, agradece a Dios por el día que termina y luego acurrúcate en los brazos de tu ángel para descansar.

Tu ángel permanece estrechándote y así será mientras tú se lo pidas, mientras tú lo estés recordando, por eso háblale siempre; ahora ya sabes su nombre. Siempre háblale con mucha ternura, como él te habla a ti. Desde hoy, pídele que sea él quien hable con los ángeles de todas las personas con las que te relacionas, con todas las personas que forman parte de tu entorno, verás que de esa manera todos tus encuentros serán celestiales.

Todos los ángeles que han participado en este gran evento siguen junto a ti, todos te contemplan embelesados, llenos de amor, de ternura, te agradecen que estés aquí con ellos, agradecen tu entrega a tu ángel guardián; ahora tú agradéceles a todos los ángeles por lo que hacen por nosotros. Agradece a Dios por haberte dado un cuerpo físico y la oportunidad de vivir en esta época en que el mundo se convertirá en un mundo lleno de amor. Tú empezarás a formar este nuevo mundo porque desde hoy, junto con tu ángel guardián, empezarás a sembrar amor por donde vayas pasando. Tú eres amor y solo amor noble y puro darás desde hoy. A partir de hoy, tú quieres consolar a los que sufren, a los que necesitan una palabra de aliento, una sonrisa de tu ángel.

Ahora agradece a tu ángel con una dulce mirada, con una sonrisa llena de amor. Él continúa abrazándote, te protege, nada puede pasarte. Nunca debes temer junto a él, está iluminado y es bellísimo, ¡ahora escúchalo!, escucha lo que te está diciendo: te dice que siempre está junto a ti y que a todas partes te acompaña. Escucha, escucha lo que te pide, te está pidiendo que siempre recuerdes esto y que nunca olvides que a donde tú vayas él está contigo, siempre está contigo, nunca estás solo, él te ama, siempre recuerda que estará contigo.

Ahora pon atención en tu respiración, pon atención en las alas amorosas de tu ángel, todavía te tiene abrazado. Respira profundamente una vez y empezarás a mover tus manos y tus pies; vuelve a respirar profundamente y empieza a mover tu cuerpo. Ahora respira profundamente otra vez y, al exhalar, ya puedes abrir tus ojos.

Los ángeles nos ayudan a eliminar nuestro karma cada vez que se los pedimos. Ellos nos indican el camino más adecuado, más fácil y más conveniente para nuestra evolución espiritual. A pesar de su tarea amorosa e incondicional, ellos también nos indican que hay muchas cosas simples que podemos hacer diariamente para ir eliminando la cadena ancestral del karma. He aquí lo que nos sugieren los ángeles para que empecemos a actuar ahora mismo:

Alimentar el cuerpo con productos naturales que faciliten la producción de energía. Comemos para obtener energía de los alimentos; por ello, es importante darle al cuerpo lo mejor para obtener así su mayor rendimiento.

Compartir más tiempo con las personas mayores de nuestra familia.

Ser tolerantes y pacientes con ellos, sabiendo que así como tratamos a nuestros mayores seremos tratados en el futuro. Jugar más con los niños que están en nuestra vida.

Aprender de ellos a recuperar la espontaneidad, el amor incondicional y la capacidad de divertirnos.

Llamar hoy mismo a un amigo que hace tiempo no ves y decirle lo valiosa que es su amistad.

Hablar con la gente que nos rodea y decirles lo importante que es su compañía en nuestro paso por la vida.

Hacer un regalo espontáneo a alguien. No importa la razón.

Orar por alguien, afirmando todo lo bueno para esa persona.

Meditar, rezar, orar, conectarse con el único poder divino que nos acompaña y nos guía en cada momento.

Dar gracias al universo por todo lo que ya recibimos.

Dar gracias a otras personas por los favores que nos han hecho.

Perdonar, perdonar, perdonar. Cada día hay algo que perdonar. Sabiendo que hay una justicia divina más efectiva y correcta que la que quiere imponer mi ego.

Perdonarnos a nosotros mismos por cualquier error que hayamos cometido últimamente.

Hacer hoy algo positivo y estimulante por uno mismo.

Acariciar a los animales; decirles palabras de amor.

Acariciar a las plantas; decirles palabras de amor.

Bendecir mentalmente a las personas con las que me encuentro hoy y desearles todo lo mejor.

Hacer una donación de dinero, no importa a quién ni la suma, pero sí deberá ser hecha con mucho amor.

Desprendernos de artículos viejos, como ropa, libros, revistas, muebles, etcétera. Donarlos, venderlos, regalarlos. De esta manera le damos lugar a lo nuevo en nuestra vida.

Repetir afirmaciones que aumenten la autoestima.

Aliviar la tarea de nuestros compañeros de trabajo, si ello es posible.

Compartir con padres, hermanos, hijos, nietos u otros

parientes momentos placenteros, recordando que con ellos nos toca vivir una experiencia ineludible por los lazos sanguíneos.

Fomentar pensamientos y diálogos de paz, amor y armonía.

Evitar criticar, quejarse o decretar cosas negativas.

Practicar alguna actividad física que ayude a relajar las tensiones y a mantener la tonicidad muscular.

Ofrecer ayuda desinteresada a alguien que la necesite.

Colaborar con las personas más cercanas. A veces es más fácil hacer el bien a personas desconocidas que a quienes están cerca.

Decir palabras de amor y expresar abiertamente cariño.

Abrazar fuertemente a nuestros seres queridos y decirles: "te amo", "te quiero", "te necesito", o lo más lindo que se te ocurra.

Reírse y hacer reír a los demás.

Saludar con cariño y respeto a cada persona que encontramos en nuestro camino.

Perder el miedo a los extraños y aprender a reconocer a mis "hermanos" en los demás.

Leer libros de autoayuda, curación, espiritualidad o cualquier material estimulante que ayude a vivir mejor.

Asistir a cursos, charlas, conferencias o grupos positivos.

Colaborar con mi barrio, municipio o ciudad para hacer que mi lugar de residencia sea cada día más hermoso, pacífico y amistoso.

Expresar tu protesta hacia el desarrollo nuclear o actividades que sigan contaminando o destruyendo el planeta.

Colaborar con entidades que apoyan la vida.

Felicitar a los demás por sus éxitos y alentarlos a seguir creciendo.

Reconocer las virtudes ajenas y estimular a las personas para que las expresen.

Reconocer las virtudes propias y estimularse a expresarlas.

Escribir cartas con noticias positivas y mensajes de cariño a aquellas personas que hace tiempo no lo hacemos.

Conservar limpio nuestro lugar de trabajo, nuestra casa, nuestro patio.

Ayudar a mejorar el entorno en todo lo que sea posible.

Evitar producir más basura.

Sembrar árboles y plantas.

Favorecer la naturaleza y su crecimiento en aquello que esté a nuestro alcance.

Amar y bendecir al planeta con todos sus habitantes.

Decretar pensamientos de paz universal.

Relajarse y meditar.

Preguntar a tu ángel de la guarda qué es lo mejor que puedes hacer hoy por ti mismo y por los demás.

Los ángeles están aquí para ayudarnos. Lee y escucha con atención su mensaje en tu interior. Luego, sigue su dictado. Es tu función actuar en el plano físico, solamente tú puedes hacerlo. La sola idea parece increíble, ¿no? ¿Puede un ser humano convertirse en ángel? Nuestro mundo está lleno de presencias angelicales, formas etéreas y también formas humanas. Hay muchos seres humanos con esta condición, nuestros guías espirituales, nuestros mejores amigos y hasta la ayuda inesperada que a veces se nos ofrece en la calle puede provenir de un ángel. Existen ángeles famosos como Gandhi y la madre Teresa de Calcuta. Todas estas personas tienen un común denominador: su voluntad de servicio y amor.

Cuando decimos que nosotros podemos ser ángeles, nos estamos refiriendo a seres humanos "comunes", que solamente necesitan tener esos dos valores. No hace falta seguir ninguna religión, ni tener conocimientos especiales ni ninguna clase de poderes; tampoco necesitamos ser "perfectos", ya que nuestra condición humana no cambia. No necesitamos ser abnegados ni santurrones. Esto no quiere decir que debamos ir por la vida con un estilo de vida amoral; hay que tomar en cuenta que la única forma de demostrar que tu existencia es un esquema de vida bueno y positivo es viviéndola. De nada sirven los consejos si no puedes demostrar de manera real y visible que funciona. Solamente que nuestra vida moral debe ser vivida libremente sin los miedos ni temores que nos enseñan la iglesia y la sociedad.

Hay muchas maneras de expresar el reino angelical y una es la creatividad. Creatividad en todo lo que hagas, desde una obra de arte hasta la forma de decorar la mesa a la hora de comer. La creatividad no es un don exclusivo del arte; la forma en que diriges tu vida también es creatividad. Lo importante es reconocernos como humanos y reconocer nuestra esencia angélica para entonces actuar tal y como somos, sin necesidad de luchar contra nosotros mismos. Y esto incluye trabajar con nuestras pasiones y contradicciones. Se trata de ayudar y ayudarnos, no de aniquilarnos. Es muy importante amarnos a nosotros mismos, aceptarnos, porque partiendo de ahí estamos capacitados para amar a los demás.

Cuando nosotros podemos cambiar nuestra visión, convertir nuestra visión "humana" en una angelical, nos volvemos mucho más grandes, más brillantes y más vivos de lo que alguna vez se nos haya enseñado que podría ser. Para despertar tu potencial angélico, podemos apoyarnos en algunas afirmaciones que nos ayudarán a cambiar la mentalidad y algunas invocaciones que harán que los cambios vengan con la asesoría de los ángeles.

¿Cómo descifrar los mensajes de los ángeles?

La forma como te sientas, escuches y te comuniques con tus ángeles será única para ti y dependerá de tus habilidades naturales y será congruente con tus creencias. Si eres una persona visual, de esas que ven imágenes internas como forma de procesar la información que les llega enviada por los ángeles, es muy probable que entonces por donde quiera que vayas veas imágenes, las verás con el ojo de tu mente. Es decir, la información que te llegue se instalará en tu mente de manera visual, como si fuera un pensamiento tuyo.

Si eres una persona auditiva, amas todo lo relacionado con los sonidos, te gusta la música o los idiomas, entonces los ángeles se manifestarán como ideas o palabras de sabiduría. De la misma manera que en las personas visuales, estas palabras se instalarán en tu mente en forma de pensamientos, como si fueran propios.

Si eres una persona muy emotiva, puede ser que percibas a tus ángeles como un conjunto de sentimientos y sensaciones, como una cálida irradiación de amor o un entusiasmo que estalla en todo tu cuerpo.

Los ángeles también nos visitarán en sueños, dejándonos algún mensaje que descifraremos de manera natural o ayudándonos a resolver algún problema; a veces sucede que nos dormimos con la presión de nuestros problemas y cuando despertamos ¡tenemos la mejor solución! Pueden venir a nosotros en cualquier momento y en cualquier situación, en una meditación, rumbo al trabajo, mientras jugamos fútbol; en fin, no hay sitio ni momento específico. Podrán incorporarse en personas que nos ofrecen su ayuda o tienen la respuesta que andamos buscando. Recordemos que, según la metafísica, nada ocurre por casualidad, gracias al principio del ritmo.

Algo muy importante, sea cual sea la manera en que un ángel se comunique contigo, siempre será en esencia y de manera perceptiva con amor y con alegría. Debemos tomar en cuenta que, muchas veces, cuando intentamos comunicarnos con nuestros ángeles, estamos abriendo puertas de otras dimensiones, en las cuales habitan tanto entes positivos como negativos, seres de amor y bienestar y seres que nos pueden dañar.

¿Qué cualidades necesita tener una persona para establecer contacto con su ángel?

¡El deseo de hacerlo! No importa nuestra inteligencia, ni nuestra cultura ni nuestro nivel de evolución para tener contacto con nuestro ángel o ángeles, hasta la voluntad de querer hacerlo. Antes que nada es importante saber que existen leyes espirituales que están en armonía con nuestros ángeles y con nuestra evolución. Son leyes naturales inalterables. Conocer estas leyes te abrirá más rápidamente las puertas al mundo angelical; comprenderlas hará que tú puedas crear peticiones "escuchables" para tus ángeles. Debemos tomar en cuenta que la concesión de lo que pedimos se hace positiva si esto es en beneficio de nuestra evolución y si está dentro del plan divino de Dios. Algunas de las leyes que respetan estos seres de luz mientras se comunican con nosotros son:

1. Libre albedrío y responsabilidad personal. Los ángeles no están autorizados para intervenir en nuestro libre albedrío, ese es uno de los más grandes tesoros que nos haya podido regalar Dios. Nuestros ángeles pueden poner en nuestro camino las mejores oportunidades, acercarnos la gente que nos ayude en la empresa que tenemos en mente; nos pueden poner "coincidentemente" el libro o el curso que nos ayudará en lo que nos estamos proponiendo. Pero si tomamos estos caminos o no, lo decidimos nosotros, eso es parte de nuestra evolución espiritual y ellos no nos negarán ese derecho y esa libertad. Nuestro poder de decisión y nuestra voluntad de elección representan nuestra autonomía sobre la cual debemos asumir la responsabilidad de nuestros actos.

Muchas veces, cuando las cosas nos salen mal, optamos por culpar a las personas y a las circunstancias de nuestro fracaso. No nos damos cuenta de que todo cuanto pasa en nuestra vida es consecuencia de una acción anterior; elegir y decidir en conciencia nos ayuda a responsabilizarnos de nuestros actos y a corregir errores a tiempo. También cambia nuestra actitud de "víctima de las circunstancias" a una autonomía espiritual.

2. Pide y se te dará. El secreto para que una petición a nuestros ángeles sea "concedida" no está en saber pedirla, sino en estar abiertos a recibirla. A veces estamos acostumbrados a llevar sobre nuestros hombros todos nuestros problemas y creemos que podemos solos, que no necesitamos la ayuda de nadie, aunque en el fondo desearíamos que esa carga desapareciera de golpe. Esto nos impide pedirles a nuestros ángeles su ayuda; resulta que nuestros ángeles no se niegan nunca a ayudarnos, somos nosotros los que no nos dejamos ayudar.

Como ejercicio, pide diariamente la ayuda de tus ángeles y empieza a abrir todos tus sentidos a los pequeños milagros que irán ocurriendo en tu vida. Tal vez al principio te costará creerlo y pensarás que son simplemente coincidencias, pero poco a poco te irás acostumbrando a interpretar las respuestas y aprenderás que los ángeles tienen formas "terrenales" para manifestarse. Son expertos en "armar casualidades". Cuando ves en tu vida un conjunto de coincidencias, no lo dudes, son tus ángeles y son los caminos que te están guiando.

3. El perdón. Cuando perdonamos, liberamos todo lo que nos pueda hacer daño en nuestro interior y estamos más dispuestos a la presencia angelical. El perdón sana todas las heridas y nos ayuda a estar más disponibles para el perdón y la aceptación de los ángeles. Al perdonar, ayudamos a elevar las vibraciones de nuestros pensamientos y sentimientos a un nivel que está sintonizado con los ángeles.

4. El poder de nuestros pensamientos. La energía se deriva del pensamiento. Con ellos tenemos el poder de atraer experiencias que serán del mismo nivel de conciencia de los pensamientos que tenemos. Cuando nos habituamos a tener pensamientos positivos, estamos abriendo la puerta a esos "pequeños y grandes milagros" que ocurren en nuestra vida. Recordemos que los ángeles nunca harán nada que vaya en contra de lo que somos, no nos ofrecerán caminos que vayan en contra de nuestra forma de pensar, nuestro código moral, nuestras creencias, esperanzas, etcétera.

Tomando en cuenta estos valores, nuestros ángeles solamente nos podrán dar sentimientos, experiencias, oportunidades y dones que nuestro estado mental permita. Cuando nosotros pensamos de manera positiva, les estamos indicando abiertamente el tipo de experiencias que queremos vivir y por lo tanto su ayuda parecerá más rápida y eficiente. Para ir adquiriendo una mejor calidad de pensamientos, visita nuestra sección de afirmaciones y practícalas diariamente a todas horas.

5. La práctica del amor. La esencia de un ángel es el amor. Al final no importa cómo seas ni los defectos que tengas, nuestros ángeles nos aman y nos aceptan como somos, ellos nos acompañarán siempre en nuestro viaje de aprendizaje por la vida. Nuestros ángeles son incondicionales y solo actúan por amor.

Cuando nosotros aprendemos a conducirnos con esa misma esencia, el amor, estamos agilizando nuestro campo vibratorio y nos asemejamos más a un ángel. Cuando nos amamos a nosotros mismos, cuando nos aceptamos y perdonamos, estamos mejorando nuestra calidad de energía y vibración; cuando amamos a nuestros semejantes, cuando amamos lo que hacemos, cuando tenemos la capacidad de ver el amor en todo y todos, estamos elevando nuestra vibración. Sucederá lo mismo si aprendemos a no detener nuestra atención en los acontecimientos, pensamientos y sentimientos negativos y los dirigimos a todo lo que nos produce sensaciones positivas.

La materia que compone el cuerpo humano es un tipo de energía que está conectado con un campo sutil de resonancia electromagnética que es más elevada y refinada que la materia misma. Entre más alto y rápido vibramos, nuestra resonancia magnética se acerca más a la resonancia magnética de los ángeles. Estaremos más dispuestos a la intervención angélica. El poder más grande que tenemos como seres humanos es el amor. El amor es un imán que atrae a personas con la misma intención de amor, también atrae acontecimientos y seres de otras dimensiones, como los ángeles, que están en la misma vibración de amor. Si nosotros queremos tener y sentir la presencia de los ángeles a cada momento y vivir sus milagros día a día, solo tenemos que canalizarnos en el amor, para ello puedes practicar los siguientes ejercicios:

Ejercicio para generar amor

Ten a la mano papel y pluma para hacer anotaciones. Ubícate en un lugar tranquilo y en una posición cómoda; respira profundamente para relajarte y medita sobre lo siguiente:

¿A quién amas?
¿Qué es lo que más te gusta o apasiona hacer?
¿Cuál es tu lugar favorito?
¿Si tuvieras en tus manos la oportunidad de realizar un sueño, cuál sería?
¿Qué puedes hacer para ser más expresivo en el amor?
¿Qué podrías hacer para recibir más amor desde afuera?
¿Cómo te gustaría celebrar tu vida en este momento?
¿Qué cosa podría causarte un enorme gozo?
¿Qué puedes hacer para darles más amor a las demás personas?
¿Qué es lo más amoroso que puedes hacer por ti dentro de poco tiempo?

Ahora cierra tus ojos e imagina que los ángeles tejen una red de amor alrededor tuyo. Podrías visualizar esto como una red hecha de hilos de oro y plata o simplemente imaginarlo como una red formada por diferentes sentimientos de diferentes intensidades y orígenes. Repite diariamente este ejercicio durante dos o tres días más y agrega más preguntas si sientes la necesidad. Toma nota de cualquier percepción que recibas y haz lo posible para actuar sobre ello.

Ejercicio

Busca una posición cómoda y respira profundamente para relajarte. Concentra tu atención en el vientre; abre este centro de energía, hazlo imaginando cómo se expande poco a poco; concentra toda tu energía en esta zona del abdomen, deja que tus pensamientos fluyan, tus sensaciones, tus emociones; ahora estás en perfecta armonía con todo el universo. Visualiza un hermoso paisaje, piensa que será el sitio de reunión con tu ángel, siente la brisa, toca la naturaleza, siente el aroma de las flores, imagina un lago, toca el agua, siente cómo te refresca.

Levanta la vista y a lo lejos visualizas una luz dorada, dirígete a ella, observa cómo mientras te acercas se expande, crece en luminosidad y belleza, te vas acercando más y más todavía hasta que tú mismo te envuelves de luz, reconoces tu verdadera esencia que es la luz, por todos lados y en tu interior; en todo está la luz dorada, has llegado al templo sagrado de tu ángel, poco a poco empiezas a discernir el templo que es el lugar ideal para que te reúnas con tu ángel, cuál es su tamaño, de qué son sus paredes. Vas viendo los detalles del lugar hasta que lo percibes claramente; ahora observas cómo se va llenando de luz dorada; la luz dorada puede entrar por un vitral de colores o ventana transparente de alguna forma o diseño en especial o de entre las ramas de los árboles.

Dentro de esa luz ahora va apareciendo la figura de tu ángel, cuya imagen se revelará claramente ante tu ojo mental; empiezas a distinguir sus rasgos, sus cabellos, su vestimenta y su rostro; date unos momentos para poner toda tu atención en el ángel y distinguir esa amorosa presencia que te acompaña desde antes de la existencia del tiempo, la luz dorada se irradia desde sus vestimentas para luego ser derramada sobre ti.

Saluda a tu ángel, si no sabes su nombre, pregúntaselo, repite ese nombre en tu mente y al hacerlo siente cómo una potente luz dorada entra en tu corazón activando tu capacidad amorosa; el amor es su manera de responderte, de enseñarte tu verdadera esencia; siente cómo el amor va llenando tu pecho y recuerda ahora cuánto amas a tu ángel, a ti mismo y a todos los seres; observa el amor que hay en ti y siente cómo sale de tu corazón al encuentro con el amor de tu ángel y de su luz dorada que está penetrando en ti; estás brillando con luz dorada y con amor que a la vez emanan de ti y entran a tus cuerpos físico etérico, mental y emocional; observa cualquier cambio que sientas en tu actual cambio radiante; ahora vuelve la atención hacia la presencia de tu ángel.

Si tienes alguna pregunta o alguna petición que hacerle, este es el momento; ahora ve cómo tu petición se rodea de la luz dorada que emana del ángel. Sin forzar tu atención, deja que se llene esa imagen de luz y pregúntate a ti mismo qué sentimientos o pensamientos surgen y tienen relación con la petición. Ahora mira cómo cambian las cosas al ponerse bajo una luz angelical. Finalmente, toma un momento para agradecerle a tu ángel su presencia y servicio amoroso, y pregunta si hay algún otro mensaje que te quiera dejar. Si necesitas levantarte, ve regresando tu atención aquí y ahora; al abrir los ojos, vete fijando en los cambios que sientas en tu interior, en tu manera de sentir y de percibir las cosas; recuerda: tu acompañante angélico está contigo no solo en el templo de tu paz interna, sino en todas tus vivencias cotidianas; su mensaje fecundará en la medida en que lo lleves a la práctica misma que determinará la expansión para entender su significado en la meditación o en cualquier momento.

El diccionario de inglés de Oxford define la palabra milagro como "Un maravilloso suceso que ocurre en la experiencia humana, que no puede haber sido efectuado por el poder humano y por la operación de un agente natural y, por lo tanto, debe ser atribuido a la intervención especial de la deidad o de algún ser sobrenatural". Si ponemos atención a este tipo de definiciones, prácticamente se nos está diciendo que un milagro es imposible. Podríamos pensar que están fuera de nuestro alcance o que hace falta ser muy "evolucionado" para tener contacto con algún milagro en nuestra vida.

Ejercicio

Recuerda a las personas que más hayas querido, trata de percibir el sentimiento esencial que te unía o une a ellas; recuerda sus actitudes, su forma de conducirse, etcétera. Este tipo de ejercicios hacen que nosotros recordemos a la persona por medio del sentimiento del amor; al recordar su forma de ser, nos estamos situando en la esencia y no solo en la parte superficial de él o ella. De este modo, el lazo de amor que nos une a ella se expandirá.

Trata de ver todo con amor, si existen situaciones negativas en algo o en alguien no te centres en ello, compréndelo por medio del amor. Al poner en práctica este ejercicio verás cambios impresionantes en la forma en que la gente se relaciona contigo. Incluso aquellos que antes te veían con malos ojos, ahora te miran diferente. No pienses ni hables mal de nada ni de nadie, no juzgues. Utiliza tu energía para el bien, no la desperdicies criticando a los demás ni generando resentimientos. Repite diariamente este ejercicio durante dos o tres días más y agrega más preguntas si sientes la necesidad. Toma nota de cualquier percepción que recibas y haz lo posible para actuar sobre ello.

Una vez establecidas las leyes y la forma en que nosotros podemos establecer contacto con un ángel, ahora vamos a centrarnos en la forma en que ellos se manifiestan con nosotros, cómo nos envían sus mensajes y cómo están presentes en cada momento de nuestra vida. Como ya hemos dicho, un ángel tiene la misión de protegernos desde el inicio de nuestra vida, guiándonos sin entrometerse con nuestro libre albedrío y poniendo oportunidades en nuestro camino que sean acordes con lo que nos gusta y con nuestros patrones de moralidad y creencias.

La realidad es totalmente distinta, nuestra vida está conformada por pequeños y grandes milagros, cotidianos, simples o trascendentes. ¿Qué nos hace falta para darnos cuenta?, ¡abrir el corazón! No es verdad que solo lo que no puede comprobar la ciencia es producto de alguna deidad o se le puede considerar milagroso; la vida misma, incluso el funcionamiento de nuestro cuerpo, puede ser interpretado por la ciencia y es uno de los milagros más grandes.

Cuando nos abrimos a los milagros, nos estamos conectando al reino angélico porque los ángeles trabajan continuamente con ellos. El instante en el que decidimos cambiar nuestras creencias y nuestra conciencia, en ese momento estamos remplazando una vida rutinaria por una llena de milagros. Esto es alcanzar un cambio de conciencia.

Cuando aprendemos a tomar decisiones acertadas, estamos cambiando nuestra conciencia y estamos siendo parte del milagro. Nuestros ángeles iluminan nuestro camino guiándonos hacia la felicidad, pero si nos cerramos a ver esa posibilidad no tendremos la oportunidad de verlo. Las oportunidades pasarán a nuestro lado y nunca nos daremos cuenta de su existencia hasta que pase el tiempo y tal vez pensemos: "aquella oferta de trabajo pudo haber sido el negocio de mi vida" o "aquella chica pudo haber sido el amor de mi vida", pero ya es demasiado tarde.

Es importante empezar a crear conciencia de que los milagros existen para todos, no están aislados, continuamente se nos presentan para provocar cambios en nuestra vida interna y externa. Los milagros están a tu alrededor, dentro y fuera de ti mismo, solo tienes que hacerlos tuyos.

Tips para producir milagros

Cambia tu atención

Muchas veces, cuando tenemos un problema, nos centramos más en el problema que en la solución. Si tomamos en cuenta que nuestra mente atrae todo lo que "piensa", si pensamos en problemas, en deudas, en fracasos, en nuestra vida, solamente tendremos eso. Pero en cambio, si tratamos de ver las situaciones desde un panorama más amplio, si tratamos de ensanchar nuestra visión, nos daremos cuenta de que siempre hay puertas abiertas a cualquier problema, y si nos concentramos en las soluciones que tenemos, ¡tendremos resuelto cualquier conflicto! Esta es la razón de por qué nos acostumbramos a las situaciones desgastantes y cansadas que, lejos de hacernos bien, nos hunden por completo. Si nos concentrarnos en lo positivo, nos recargamos de energía y seremos más felices.

La imaginación

Trata de hacer tu vida más creativa, no importa el tipo de trabajo que desempeñes, siempre hay que hacerlo con ingenio y gozo. La creatividad y la imaginación conforman un puente hacia los ángeles; los mejores inventos y las artes más sublimes fueron dictados por los ángeles, por eso hay ocasiones en que incluso una persona no sepa nada de "x" tema, de la noche a la mañana puede crear una obra de arte o el invento más revolucionario; ejemplos de ello hay muchos en el mundo, Henry Ford (el creador del automóvil, ¡que no sabía nada de motores!), Beethoven (quien componía aun sordo), José Alfredo Jiménez (componía sin tocar ningún instrumento). Todos ellos fueron personas que nunca frenaron su imaginación, no son gente "que pisa tierra"; son personas que creen en lo que para muchos es imposible creer y son una prueba de la existencia de los milagros.

Afirmaciones

Siempre tomo las elecciones que son tomadas por los ángeles.
Elijo los milagros de libre albedrío y de una acción positiva.
Cambio mi mente para modificar mi destino. Mi mente está llena de milagros.
Experimento los cambios de conciencia milagrosos.
Escojo ver los milagros en cada aspecto de mi vida.

Invocaciones

Pido volverme uno con la naturaleza milagrosa del universo.
Pido ser bendecido con la abundancia de milagros de los ángeles.

Estoy disponible para los milagros de transformación en todos los aspectos de mi vida.
Agradezco a mis ángeles los milagros que me traen y celebro mi habilidad para hacer cambios milagrosos del corazón y la mente.
Pido hacer una diferencia milagrosa donde quiera que vaya.

Ejercicio

Haz una lista de todos los milagros que quieras ver realizados en tu vida, no omitas ni uno por simple que este te parezca. A cada artículo de tu lista, anteponle la siguiente oración:

Ahora atraigo el milagro de…

Por ejemplo: "Ahora atraigo el milagro de un incremento sustancioso en mi ingreso económico".
"Ahora atraigo el milagro de un cuerpo saludable."
"Ahora atraigo el milagro de una relación amorosa armoniosa y romántica con un hombre/mujer maravilloso(a)."
Termina este ejercicio repitiendo la afirmación: "Yo Soy un imán de los milagros".
Practica este ejercicio frente a un espejo; hazlo a diario y pon atención a los acontecimientos que vayan ocurriendo; si sientes que "estás inspirado" para emprender algo nuevo, hazlo; si hay que tomar alguna decisión, tómala; en fin, tus ángeles estarán muy activos abriendo

oportunidades y caminos. Tu trabajo será distinguir los nuevos milagros que ya empezarán a formar parte de tu vida.

Bendición angélica

> Ángeles de amor: les pido su bendición en cada momento de mi vida, bendigan mis pensamientos, mis sentimientos, mis elecciones, mis emociones, mi mente y mi cuerpo. Ayúdenme a despertar y a reconocer mi naturaleza angélica y denme la voluntad, el amor y la pasión para crear el bien en cada momento y en todo lugar. Doy gracias por mi vida y agradezco las bendiciones de los ángeles.

Los ángeles y la prosperidad integral

Nuestros ángeles siempre buscarán la forma de acercarnos al éxito, a la prosperidad y a la abundancia porque ellos son una poderosa fuente de abundancia; en el mundo angélico no existe la carencia, ese es un mito humano que genera desequilibrio en el mundo físico, pero que no tiene ninguna conexión con el mundo espiritual.

Cuando la humanidad evolucione eliminando de su forma de vida el temor a la carencia, en ese punto estaremos viviendo en la prosperidad y la abundancia. Cuando tenemos temor a la carencia, la atraemos, agarrándonos de lo que tenemos, creando tensión y bloqueando el flujo natural de la energía. El miedo y la desesperación nos impiden ver y recibir los beneficios que necesitamos y deseamos.

Un aspecto que debemos aprender a desarrollar para alcanzar ese nivel de prosperidad integral que deseamos es trabajar el "merecimiento". Cuando recibimos algún halago, un ascenso en el trabajo o se nos premia por el buen desempeño, el universo nos está mandando muestras de la abundancia que merecemos. Si nos cuesta mucho trabajo aceptar esos premios, por insignificantes que parezcan, es un indicativo de cuán abiertos estamos para recibir la prosperidad en nuestras vidas.

¿Cómo aceptas los halagos provenientes de otra persona? Muchas personas tienen la mala costumbre de responder: "no fue nada". Cuando alguien nos da las gracias y reaccionamos con este tipo de respuestas, frenamos totalmente el flujo de prosperidad, debido a que pensamos que no nos lo merecemos, a pesar de que la vida nos está queriendo premiar por el esfuerzo que hemos realizado. Cuando alguien te agradezca algo o te halague, dale las gracias de manera sincera, acepta el cumplido con humildad y no digas: "no fue nada". Rechazar el flujo de prosperidad priva tanto al portador como al receptor de un intercambio espiritual valioso.

El trabajo de evolución, de eliminar de nuestros pensamientos la carencia y los sentimientos que esto trae es un trabajo individual; en la medida en que cambiemos nuestra conciencia, estaremos poniendo nuestro granito de arena para cambiar la conciencia colectiva de la humanidad. Esta es la única forma de cambiar al mundo, a diferencia de lo que la mayoría de la gente piensa.

El dinero y el propósito espiritual

El hombre siente un gusto muy especial por clasificar y etiquetar las cosas. Darle a todo un nombre y un significado. En algunas áreas esta práctica puede dar excelentes resultados; incluso podrías hasta clasificar los sentimientos para poder expresar nuestras cosas con sentido, pero cuando hablamos de lo material y lo espiritual no podemos ser tan categóricos. Como ya pudimos ver anteriormente, el principio de polaridad dice que toda creación tiene su opuesto. Por lo tanto, lo material no es un mal en sí mismo, tiene grados de manifestación. El dinero no es tan negativo, sirve para muchas cosas constructivas, como la educación, el placer, el alimento, la tranquilidad; pero si se utiliza con otros fines de menor vibración, los resultados no serán los óptimos. Por otra parte, lo "espiritual" no está exento de la ley. Muchas sectas han cometido locuras en nombre de la "renovación espiritual"; por otro lado, ha permitido a muchos otros salir de abismos de adicción y depresión. Las cosas no son ni buenas ni malas, son la intención con que las materializas.

El mismo ser humano es materia y espíritu a la vez. Es cierto que nuestra esencia es espiritual, pero esto no quiere decir que no necesitemos de lo material para socializar, evolucionar y trascender. Nuestras necesidades más básicas están dentro de lo material (alimento, vestido, casa, transporte); buscar un empleo no solo genera una remuneración económica, también nos representa un desarrollo personal y una evolución espiritual. El dinero es una energía muy fuerte y lejos de catalogarla dentro del mundo material o espiritual debemos verla como un todo integrado. Catalogar al dinero es limitarlo a un plano muy denso, es rechazar su poder. Muchas veces cortamos su flujo con expresiones como estas:

El dinero no es algo espiritual.
Ser espiritual es negar nuestras necesidades físicas.
La gente espiritual no es rica.
El dinero corrompe.

Estas expresiones cortan la fluidez de la prosperidad, no importa qué sea aquello que deseamos tener; si damos cabida a las carencias y a la falta de merecimiento, nuestro ego nos negará el acceso a la fuente de la eterna abundancia que tiene para toda la humanidad la amada Presencia de Dios, Yo Soy.

Tomando en cuenta el factor energético del dinero, es muy importante analizar cómo reaccionamos cuando lo tenemos en la mano, ya sea porque nos pagaron, vamos a pagar o lo podemos disfrutar: Debemos evitar expresiones como:

¡Cómo cuesta ganarlo!
El dinero es sucio.
Nunca me gano nada, todo lo trabajo.

No olvides bendecirlo cuando lo recibes, siempre decreta que será utilizado "para los más altos fines"; deséale el doble a aquella persona que te lo entrega y bendice a la que te prestó por haber confiado en ti. Muchas veces nos preguntamos cómo existe gente con una facilidad tremenda para hacer dinero. Unos nacen ricos, a otros cualquier negocio les prospera, pero hay otras personas a quienes producir dinero les cuesta mucho trabajo: tienen que trabajar largas jornadas, tienen mucho desgaste físico, por lo general ganan lo necesario para cubrir las necesidades básicas de su familia, por eso debe reconsiderarse la forma en que nos relacionamos con el dinero.

Una persona que tenga bajos ingresos puede ser muy feliz si aprende a desarrollar el agradecimiento y el merecimiento; recibirá su dinero con júbilo y podrá pagar todas sus cosas. No es un asunto de cuánto ganas, sino de cómo lo recibes. Cada experiencia nos hace crecer y evolucionar, nuestro empleo también puede servir de un gran aprendizaje invaluable y una cosa compensa la otra.

Hay otro tipo de gente, esa a la cual el dinero no le importa tanto, pues ponen más atención a las relaciones afectivas y familiares, y a las realizaciones de otro tipo, así también hay gente rica y con poder para quien el dinero es lo más importante; no conciben la vida sin él y pareciera que tienen una varita mágica que todo lo que toca se multiplica. Ellos también tendrán algo que aprender sobre esa situación que viven.

Independientemente de cuál sea tu caso, puedes pedir el apoyo de tus ángeles para abrir o expandir tu camino material. Los excesos no son benéficos para nadie. Los ángeles no quieren vernos sufrir, ni desesperarnos; ellos solo quieren nuestra felicidad. Pídeles a tus ángeles la ayuda que necesitas para multiplicar tus fuentes de ingreso y para abrirte a la recepción de más bienes.

Algo que puedes considerar es rodearte de personas que vibren en una onda más próspera y productiva. Gente que comparta los mismos sueños, intereses y donde exista plena confianza y respeto. Debe ser una relación constructiva. ¿Se puede estar rodeado siempre de personas positivas para nosotros?

A continuación te presento un plan de cinco puntos esenciales que nos servirán para potencializar nuestras conexiones humanas existentes y para crear nuevas relaciones bendecidas por los ángeles:

1. Un imán de relaciones angélicas

Tú puedes convertirte en un imán de relaciones angélicas, lo único que tienes que hacer es concentrarte en analizar cuáles son tus características esenciales e internas; una vez que las has reconocido, pídeles a los ángeles que te ayuden a establecer encuentros con personas que tengan esa misma naturaleza, con el fin de complementarse y retroalimentarse en el aprendizaje de nuevas experiencias.

Como siempre estamos pendientes de nuestras necesidades y carencias, generalmente atraeremos a nuestra vida a personas que se encuentran en la misma o en una búsqueda similar para que nos ayuden a superar los problemas. Por ejemplo: si padeces alguna enfermedad, este problema estará siempre presente en tu mente de manera consciente e inconsciente buscando una curación. Si analizas a fondo, descubrirás que vendrán a tu encuentro personas que padecen de lo mismo y es a través del relato de su padecimiento que descubres o aprendes algo sobre tu condición que te será muy útil. Así trabajan los ángeles, acercándonos a personas que son compatibles con nosotros con la finalidad de poder brindarnos su ayuda.

2. Abre el corazón

Cuando nos sentimos heridos, muchas veces tomamos la decisión de cerrar nuestro corazón a nuevas relaciones y afectos, tememos ser lastimados otra vez y pensamos que si nos mantenemos al margen, sin involucramos emocionalmente con nadie, evitaremos el dolor. Esta reacción es totalmente normal en el ser humano, todos alguna vez hemos pensado y actuado de esta manera, solo que esto, lejos de evitar el sufrimiento, lo incrementa. Al no abrir nuestro corazón ni entregarnos a los demás, estamos actuando como un escudo que repele amor, lo estamos rechazando y nos estamos negando la posibilidad de encontrar gente que corresponda a nuestros mismos sentimientos.

Si concentramos nuestros pensamientos en el daño que nos han hecho, esto también actuará como imán y atraerá a personas que nos dañen de la misma manera que lo hicieron los otros. Cerramos nuestro corazón en una falsa defensa propia; la verdadera defensa es la confianza en nosotros mismos y la protección de nuestros ángeles.

3. Descubre tu propósito común

En todas las relaciones existe un propósito en común, algo que aprender juntos. Cuando nos casamos, cuando vivimos con alguien o pertenecemos a algún grupo o empresa, la mayoría de las veces no nos damos cuenta de que en esa relación hay algo de fondo que aprender juntos. Por ejemplo, la mayoría de las veces el propósito común de un matrimonio es la formación de los hijos, pero si buscamos más a fondo descubriremos que hay más que aprender juntos como pareja; si descubrimos esto, estaremos alargando el amor en nuestro matrimonio, aun cuando nuestros hijos ya no estén con nosotros.

En una empresa a veces pareciera que la misión de cada uno de los trabajadores y empleados es llevar al negocio a la cúspide, vender el producto, promocionarlo, pero tal vez el propósito en común de todos es aprender a desarrollar la paciencia, el trabajo en equipo, la habilidad de solución de problemas, etcétera, sin darnos cuenta de que se está cumpliendo con un propósito común. Siempre compartimos algunos intereses con quienes nos rodean. Nuestros amigos y demás relaciones durarán con nosotros el tiempo que hayamos desarrollado y aprendido uno del otro. Una vez hecho esto, cada uno seguirá su camino en busca de diferentes experiencias.

4. La risa

La risa es el alimento del alma; las relaciones que mantienen la alegría de vivir y de divertirse juntos son las más duraderas y las más sanas. Los ángeles disfrutan mucho de la felicidad de la gente. Compartir la alegría de vivir debe ser siempre de manera positiva, sin ningún rastro de destrucción. Por ejemplo: un matrimonio en el que una parte es el comediante y la otra el humillado o el blanco de las bromas no es precisamente sano; esta mecánica puede causar gracia al principio, pero después, aunque las dos partes estén aparentemente de acuerdo, terminará con destruir la autoestima de la persona en la que recaen las bromas y generará rencor hacia su atacante, aunque sea de manera inconsciente.

La risa, la alegría y la felicidad debe ser como la de los niños: cualquier cosa, cualquier momento, cualquier detalle que podamos compartir en el mismo nivel de diversión será constructivo en nuestras relaciones. Sorprendernos de la vida misma, disfrutar de las cosas simples, es parte de la alegría de vivir. No necesitamos diversiones sofisticadas ni dinero para ello, lo único que importa es liberar el sufrimiento que llevamos dentro para que ese sitio lo ocupe el amor y la felicidad.

5. La disposición de soltar

Ninguna relación que establezcamos en esta vida puede ser eterna, todas tienen un principio y un final; tenemos que tener la disposición de dejarla cuando llegue el momento. El fin de un amor o la muerte misma son ejemplos de un final que por lo general no es fácil de aceptar. Este sentimiento de duelo es parte de nuestra naturaleza humana, pero si nos concentramos en un amor frustrado o pasan los años y seguimos sin aceptar la muerte de un ser querido, esto se convertirá en un obstáculo para avanzar. Nuestra vida tiene que seguir y tenemos que darnos la oportunidad de conocer gente nueva con afectos nuevos que nos ayuden a regenerar en nosotros lo que hemos perdido. No podemos ir en contra de la ley de la amada Presencia de Dios y de sus designios, lo que sí podemos hacer es aprender de ellos cuando las circunstancias no sean comprensibles a nuestros ojos. Tenemos mucho que aprender y tenemos que avanzar. Deja el pasado y concéntrate en el presente, que es lo único que existe en realidad. La sanación es la forma de curar comenzando por el espíritu, transmitiéndolo a la mente y manifestándose en nuestro físico. Un médico, ya sea de medicina tradicional o de medicina alternativa (acupuntura, reflexología, reiki, aromaterapia, etcétera) puede estar conectado a la energía curativa de los ángeles aun sin pedírselos. Un médico que nos tranquiliza desde que pisamos su consultorio y nos inspira confianza y fe puede estar trabajando con los ángeles aun sin saberlo conscientemente; recordemos que la paz interior tiene que ver con el alma. Cuando se logra esta conjunción, el médico es un instrumento de los ángeles. También conscientemente se puede efectuar esta relación, basta con pedírselo a los ángeles; ellos disfrutan haciendo este tipo de conexiones y también de enseñarnos en nuestros inicios, integrando su energía con la nuestra a modo de guía.

Para ser sanador hay que estudiar y leer mucho, pero los ángeles pueden servirte de guías en tus prácticas curativas. No solamente al que cura enfermedades lo podemos considerar sanador, también aquel que se centra en el alma, el psicólogo o el consejero, quien brinda la ayuda y apoyo para que sientas un alivio emocional. Te ayudan a encontrar la paz interior en momentos difíciles; estos sanadores actúan como promotores de la fe y brindan consuelo. Por naturaleza, todos podemos ser sanadores, es parte de la evolución humana. Es un don que permanece dormido en nosotros a la espera de despertar, hacerlo es también parte de nuestro libre albedrío. Pídeles a tus ángeles su protección y guía, ellos sabrán dirigirte.

Atrayendo la sanación angélica

Repite los siguientes decretos, concentrándote en decirlos y sentirlos con verdad:

Ahora estoy disponible para la sanación angélica.
Dejo que los ángeles sanen mi espíritu.
Soy un imán de los guías y de los ángeles de sanación.
La luz de sanación brilla desde mi interior.
Siempre estoy saludable, íntegro y pleno.

Cuando en una persona se despierta esta necesidad de aportar algo a los demás, de extender su ayuda y servir de consuelo, ser consejero, sanador, etcétera, es que hay un propósito espiritual que cumplir, una misión. Esta puede durar mucho o poco, no hay tiempo específico, lo que realmente importa es desempeñarlo con éxito. Si decidimos tomar este rol, tal vez queramos llegar más lejos, tal vez queramos crear alguna asociación, escuela o agrupación que se dedique a este fin y tal vez queramos contar con la ayuda de más gente para poder extender esta ayuda todo lo posible. Es en ese caso donde deberemos reunir gente con el mismo propósito espiritual que nosotros. Para permitirte contactar con esas personas que tienen tus mismos intereses, te recomiendo el siguiente ejercicio:

Interceptando la mente de grupo

Respira profundamente y relájate. Visualízate dentro de un capullo de energía lumínica dorada. Allí, dentro, te sientes lleno de paz, fuerza de voluntad y estabilidad. Pídeles a tus ángeles que te conecten con otras personas cuyo propósito angélico complemente el tuyo. Puedes imaginar que tu capullo de luz incrementa su magnetismo espiritual, de manera que atraiga a la gente con la cual compartes metas en común y visiones del futuro parecidas. Imagina a tus guardianes llevándote a un hermoso lugar que está lleno de mentes superiores de otras personas con un sendero espiritual semejante.

Puedes visualizar esto como si fuera un hermoso jardín lleno de flores aromáticas, o bien, un palacio de luz que está lleno de muchas burbujas doradas de conciencia, incluyendo la tuya. Encuentra las imágenes o los conceptos que sean más convenientes para ti e imagina que tú mismo te mezclas con las otras almas, fortaleciéndote en tu propósito espiritual personal cuando fortaleces e inspiras lo que tocas.

Imagina que tú estás haciendo arreglos con algunas de las otras almas. Si es factible y oportuno para ustedes encontrarse en el nivel físico, entonces siente que están de acuerdo en relacionarse entre ustedes en algún momento del futuro. Puedes acercarte a estas personas socialmente, por medio de tu trabajo o de mil maneras más. Los ángeles cuidarán los detalles. Por ahora báñate en la dicha de la conciencia superior que ha sido creada por tantas almas que son espiritualmente compatibles, reunidas en un sitio.

Observa que tú mismo te alejas de este lugar y, en cambio, toma algún tiempo para concentrarte en la mente de grupo de tu familia, amistades o compañeros de trabajo. Pídeles a los ángeles que te den una orientación sobre esta mente de grupo, invítalos a que le den sanación al grupo y te ayuden a trabajar en armonía con las necesidades y el propósito de esta conciencia colectiva. Puedes visualizar la mente de grupo de tu familia como un banco de peces de múltiples colores brillantes nadando juntos en un océano de aguas transparentes de color turquesa.

Puedes imaginar la mente de grupo de tu círculo social como un conjunto de hermosas mariposas o tus compañeros de trabajo como abejas en un panal. Crea cualquier imagen que tenga sentido para ti y desarróllala de manera que imagines a las personas que componen el grupo siendo cada vez más capaces de funcionar juntas e incrementa el potencial espiritual de todas. Hasta puedes hablarle a la mente de un grupo del que aún no formas parte, como un nuevo conjunto de compañeros de trabajo o estudiantes y personal de un curso de escuela al que estás por inscribirte. En tus pensamientos, pídele al grupo que te reciba y pregunta si puedes colaborar con algo valioso para los otros miembros. Dile a tus ángeles que estás abierto para recibir cualquier consejo que te ayude a funcionar feliz y exitosamente como parte de este grupo, siempre y cuando sea espiritualmente benéfico .Cuando termines este ejercicio, anota cualquier percepción que recibas.

¿Quiénes son los arcángeles?

Los arcángeles son la jerarquía superior de los ángeles. Son siete y cada uno es el guardián de las siete virtudes de la amada Presencia de Dios, Yo soy, como vemos en el siguiente cuadro:

Azul	Fe	Rayo azul de San Miguel
Amarillo	Inteligencia	Rayo Oro de Jofiel
Rojo	Amor	Rayo rosa de Chamuel
Blanco	Iluminación	Rayo blanco de Gabriel
Verde	Sanación	Rayo verde de Rafael
Naranja	Prosperidad	Rayo oro-rubí de Uriel
Violeta	Transmutación	Rayo violeta de Zadquiel

Llamados también ángeles súper luminosos, designan los rangos específicos de los ángeles. Se ocupan de las zonas más amplias del ser humano. Son los custodios arquetipos de la nueva especie que está entrando en una nueva onda vibracioal.

Ejercicio con los arcángeles

Busca un lugar tranquilo; ambiéntalo a tu gusto y respira profundamente para relajarte. Visualiza una pirámide de luz dorada e imagina que tú estás parado en el centro; es una pirámide grande y tú te mueves dentro de ella con total facilidad; siente cómo su luz dorada te llena de bienestar y tranquilidad. Invita al arcángel Gabriel para que vigile una de las cuatro esquinas de tu pirámide e imagina que aparece frente a ti. Tú puedes imaginarlo como quieras, puede ser una imagen que tenga sentido para ti o un aroma.

Gabriel, protégeme, guíame y bendíceme con los poderes de la comunicación angélica.

Ahora invita al arcángel Rafael para que vigile la segunda esquina de tu pirámide; del mismo modo, puedes imaginarlo de cualquier manera que tenga sentido para ti.

Rafael, protégeme y guíame. Bendíceme con los poderes de la curación angélica.

Dirígete al arcángel Miguel; invítalo a que vigile la tercera esquina de tu pirámide.

Miguel, protégeme y guíame. Bendíceme con los poderes de la visión y la discriminación angélicas.

Invita al arcángel Uriel a que vigile la cuarta esquina de tu pirámide.

Uriel, protégeme y guíame. Bendíceme con los poderes de la inspiración angélica.

Visualiza en el vórtice de tu pirámide una estrella blanca-dorada, grande, llena de luz, llena de energía, con un poder infinito. Esta estrella crea un excelente puente entre tu conciencia y tu conciencia superior. Te ayudará a crear siempre un acceso seguro al reino angélico y abrirá tus sentidos para que canalices de la mejor manera toda esta energía, realizando cambios funcionales en tu vida.

Ángeles, abran mi mente, mi corazón y mi intuición. Ayúdenme a dar los pasos convenientes, necesarios a fin de transformar mi vida para lo mejor.

En este momento puedes hacer peticiones a tus ángeles: puedes pedirles trabajar de forma conjunta con tu ángel de la guarda, saber escucharlo; puedes pedirle protección mientras accedes a la dimensión angélica; pídeles equilibrio entre tu naturaleza humana y angélica. Si así lo deseas, puedes decir las siguientes afirmaciones para conectarte con ellos:

Afirmaciones e invocaciones

Les doy la bienvenida a mis ángeles de la guarda y les agradezco su amorosa amabilidad y apoyo.
Les pido a mis ángeles de la guarda que me guíen con seguridad hacia mi mayor felicidad y mi sendero espiritual.
Que me bañe en la luz de mis ángeles de la guarda cuando ellos me fortalecen y me inspiran con su amor.
Acepto mi humanidad y descubro mi facultad angélica.
Me amo a mí mismo y acepto el amor de los ángeles.
Tengo la habilidad de sanar mi alma y para irradiar amor en el mundo.
Pido poder reconocer la divinidad en el interior de otras personas.

¿Quién es el arcángel Uriel?

Uriel es el sexto arcángel. Comenzamos el domingo con Miguel, el lunes Jofiel, el martes Chamuel, el miércoles recibimos luz divina con Gabriel, el jueves nos sanamos con Rafael y el viernes nos llenamos de prosperidad y sustento con el amado arcángel Uriel; el sábado es un día grande para los metafísicos, lo usamos para transmutar y para eso está el arcángel Zadquiel.

Desde hace muchos años mi fe hacia el arcángel Uriel ha sido muy especial, no existe un viernes que no le haga ofrenda o al menos una oración en mi casa para que mis asuntos salgan a la perfección.

El amado Uriel es el arcángel del sexto rayo oro-rubí, es el responsable ante Dios Padre-Madre de la transformación en los sentimientos de las personas hacia una liberación espiritual dentro de la nueva era de Acuario. Uriel, junto con el arcángel Zadquiel, te tienden la mano para hacer la transición hacia un nuevo nivel de conciencia universal. Su día de mayor influencia es el viernes, se le invoca con veladoras naranja e incienso de mandarina y canela.

La misión del amado Uriel es hacer de nosotros instrumentos de su gracia, nos pide que hagamos el esfuerzo de reforzar la paz en el mundo. Además, Uriel posee la virtud de ser el encargado de brindar todos los suministros espirituales y materiales que vienen directamente de la eterna providencia de la amada Presencia, Yo Soy. Es el verdadero servidor de cada uno de nosotros, nos atiende con amor y nos brinda bendiciones.

Uriel es el arcángel que siempre vela porque no nos falte suministro, dinero y empleo; es el encargado de materializar en la tierra todo aquello que necesitamos en el plano físico y de poner a nuestra disposición todo lo que necesitamos para vivir en abundancia. Nos llena de inteligencia para resolver todos los casos de necesidades económicas y de trabajo y protege nuestros empleos de manera que en ellos siempre se manifieste lo grande, los ascensos, y nos permite estar en el empleo perfecto para nosotros. Uriel nos pide que amemos nuestro trabajo para que así pueda cumplirnos lo que deseamos; en muchas ocasiones estamos en empleos que no nos apasionan y que hacemos solo por dinero; allí la energía de este arcángel no puede entrar, por eso es tan importante amar lo que hacemos para ganarnos la vida, buscar nuestra verdadera vocación y unirnos a la energía de la abundancia del universo, del cual este arcángel es el encargado.

A veces este arcángel trabaja muy a su manera en muchos de los casos; te saca de lugares o empresas donde no te corresponde estar y eso te desconcierta, sobre todo por cómo suceden las cosas, pero después de algunos días te das cuenta de que es para ponerte en un lugar mucho mejor. He tomado conciencia de que los que creemos en Uriel tenemos una frase que nos describe:

Cuando se cierra una puerta se abren mil a tu alrededor.

En el momento en que te quedes sin empleo, espera con fe a que se te abran las puertas de otro trabajo mejor y confía en la luz de Uriel para que veas cómo todos los caminos se abren y logras el éxito que tanto deseas. Su color es el naranja o bien llamado oro-rubí, ya que combina dos energías: la de la inteligencia divina, que es el amarillo, con el rojo de la pasión y el amor; y juntos forman el naranja, ya que todo lo que hagas dirigido por la inteligencia divina del universo y lo realices con amor y pasión, ten la certeza que tendrá el mejor de los resultados en tu vida.

Déjate llevar por la influencia del amado Uriel; haz que "la paz sea contigo" y permite que toda su hueste angélica te auxilie en momentos de angustia; fluye y deja que tu espíritu vibre en concordancia con las bendiciones que te ofrece Uriel. Practica la paz y haz que se manifieste a diario esta fuerza en tu vida. Acepta la presencia de sus ángeles en tu hogar; déjate proteger bajo sus alas y que sus auras te llenen de energía positiva. Comparte sus beneficios con los tuyos y haz que todos en tu casa reproduzcan esa paz hermosa que todo lo sana. No piensen que es una tarea ardua; trabajar en conjunto con los ángeles es simple y reconfortante; además, podrás atraer toda la prosperidad y el suministro de bienes que estén requiriendo para vivir en la opulencia que el Padre siempre deseó para los tuyos.

Este es un buen momento para revisar nuestra manera de "orar". ¿Cuando pedimos la ayuda de los ángeles lo hacemos con fe y paz interior? ¿Pedimos suministros desde la carencia y la desesperación? ¿Pedimos con la certeza de ser escuchados por la divina Presencia, Yo Soy? ¿Actuamos y damos gracias con la misma pasión que pedimos? Es importante hacer un análisis sobre nuestra forma de pedir e invocar; cuando lo hacemos con ansiedad, desesperanza, pesimismo e impotencia se retrasa nuestra conexión con la eterna providencia de Dios Padre-Madre. Estas energías negativas impiden, además, la unión con los seres de luz que vienen en nuestro auxilio.

Recordemos que lo afín atrae lo afín, por eso cuando hacemos una invocación o petición de prosperidad debemos realizarla sabiendo que el "almacén divino "ya está preparado para concedernos lo que necesitamos, por eso debemos pedir con fe y certeza de ser satisfechos. En este punto no caben las dudas ni la impaciencia. La angustia por tenerlo todo pronto debe ser sustituida por la seguridad de obtener lo que requerimos en el tiempo que la divina Presencia considere pertinente. Por eso es primordial sostener la paz, porque esto es sinónimo de fe y de conexión con la amada Presencia, Yo Soy. Pedir con fe, amor y paz abre un canal de conexión con la fuente del bien que atrae el bien requerido, es como un imán que acerca y sostiene los regalos de Dios.

Las peticiones no solo se refieren a cosas materiales; podemos demandar salud, amor, resolución de problemas familiares, mejoras en la educación de nuestros hijos, ascensos en nuestro trabajo y todo aquello que represente vivir en una prosperidad integral. Pensemos por un momento, cuando tenemos un problema y necesitamos la solución, ¿de qué nos sirve perder la paz si ni siquiera podemos orar correctamente? Sin paz no lo podemos solucionar, ni siquiera con la ayuda de Dios Padre-Madre.

La paz es una necesidad primordial en la Tierra y cada uno de nosotros somos parte activa en esta paz que deseamos para el planeta. Somos directamente responsables por la paz del mundo, de los elementos y de toda la creación. Recordemos que ella es la unidad de toda vida. Por eso el arcángel Uriel trabaja de la mano del arcángel Zadquiel, quien es el encargado de transmutar todas las cosas negativas en positivas. Con la ayuda del rayo violeta de la transmutación divina, cambiaremos todos los impulsos de discordia y de carencia. La llama violeta es paz y transmuta cualquier atadura porque la vida libre es vida en paz.

Tenemos la gracia de tener una divina Presencia, un Cristo, mensajeros celestiales, arcángeles, ángeles y grandes seres cósmicos dispuestos a responder a nuestros llamados, a darnos la protección que necesitamos mientras caminemos en la Tierra; por eso es momento de aprender a comunicarnos con ellos en la frecuencia que nos permita tal conexión. Aprendamos el autocontrol y alcanzaremos una mejor calidad de vida, la cual beneficiará nuestro entorno y perdurará en el tiempo. Esta paz y certeza de ser escuchados se convertirá en un estado que no desearemos perder.

Cuando alcancemos esta conexión con la amada Presencia, Yo Soy, y con el arcángel Uriel, no nos sentiremos como dos en medio de discusiones, escuchando música disonante u observando imágenes de violencia; todos los aspectos externos de nuestra existencia irán cambiando, así como también se transformarán nuestros hábitos alimenticios y nuestros patrones de conducta. Viviremos en concordancia con nuestro espíritu y evitaremos las reacciones que tanto daño nos hacen, así como nos convertiremos en maestros de nuestra energía y no en juguetes tontos del destino con una personalidad perturbada. La paz, como ya sabes, nos acerca a los ángeles y a toda creación divina, nos introduce en la vibración de la nueva era. Además, permite que alcancemos todas las bendiciones y, sobre todo, mejora nuestra calidad de vida.

Invocación del arcángel Uriel

Invoca al arcángel Uriel para que te ayude a clarificar una situación que necesites resolver. Pídele que proyecte su luz divina oro-rubí sobre la situación que te preocupa; solicítale sabiduría para aceptar las cosas como son e iluminación para ti y para todos. Solicítale que te envuelva en el manto dorado de la sabiduría que brinda paz y alegría.

En el plano angelical hay un lema: "La invocación obliga a la respuesta", basta con hacer la llamada a las entidades de luz para que nos atiendan de inmediato. Antes de comenzar con la invocación, busca un lugar que te agrade y que te llene de paz interior. Coloca un cuarzo blanco dentro de una copa con agua antes de iniciar la invocación. Coloca la imagen del arcángel Uriel y a su lado una vela anaranjada, que es el color representativo de Uriel. Recuerda lo siguiente: cada vez que medites en ese lugar estarás consagrando a tu ángel, porque tu lugar de meditación será como un templo donde guardarás todas tus energías para volver a él cuando lo necesites.

Ahora relájate y respira profundamente tres veces, siente cómo tu cuerpo y tu mente se serenan, se llenan de luz y paz; visualiza esa situación que te perturba y te saca de tu centro y repite conmigo la siguiente oración:

> Amado arcángel Uriel, te invoco en nombre del Padre Creador, envuélveme en la llama oro-rubí, llena mi ser de paz, gracia, y providencia. Ayúdame a encontrar la solución al problema que tengo en mi mente. Dame sabiduría para comprender por qué suceden las cosas y visión para ver la solución de los problemas. Llena

mi mundo de tu infinita paz, de prosperidad y abundancia divina.

Gracias, Padre, porque nuestras
necesidades están cubiertas.

Amén.

Realiza esta invocación durante tres noches seguidas; recuerda mantener la imagen del arcángel Uriel en tu mente todo el tiempo; si es posible, mantén la estampa en tu bolsillo, míralo firmemente antes de comenzar la invocación.

Si realizas esta invocación con fe y confianza en la divina asistencia de Dios y de sus ángeles, al poco tiempo comenzarás a sentir la tranquilidad y la paz interna que requieres. La serenidad y la confianza volverán a tu vida, tu mente se clarificará y el problema o situación que te preocupaba mejorará y encontrarás el camino para resolverlo.

La frase clave de Uriel es "Ahora estoy en el flujo del amor divino, perdón incondicional y abundancia ilimitada del creador Dios".

Los arcángeles respetan algo muy esencial que es el derecho que tienes al nacer del libre albedrío, que significa la capacidad de decisión que tienes para cambiar tu destino, para elegir el color con que te vas a vestir, etcétera, y por eso se les pide a todos los creyentes en los ángeles que deben invocarlos, ya que ellos no te auxiliarán en tu vida sino que respetan tus decisiones, por eso la necesidad de invocarlos, de pedirles su ayuda, y créeme que la respuesta es inmediata. Te asombrarán los milagros que podrás hacer con la ayuda de Uriel. Invoca su presencia, siente cómo esa energía divina llena tu corazón de fe y de esperanza en lo que deseas. Te voy a dar algunos ejemplos de cómo hacerlo y aplicarlo en tu vida:

Amado arcángel Uriel, te amo, te bendigo y te saludo. Te pido que siempre cuente con el suficiente suministro para mi vida.

Amado Arcángel Uriel, te amo, te bendigo y saludo tu espíritu, te pido que todas mis cuentas estén pagadas siempre.

Amado Uriel, te amo, te bendigo y te saludo y te pido que en el banco supremo del universo yo siempre cuente con el suficiente dinero para cumplir con todas mis necesidades.

Uriel amado, te amo, te bendigo, te saludo y te pido que todo fluya en perfección dentro de mi trabajo y que cada día mis pasos en él sean guiados por el amor divino.

Recuerden que es muy importante bendecirlo todo con amor, ya que uno de los principios es que todo lo que se bendice con amor se multiplica, por eso siempre comenzamos nuestras invocaciones con bendiciones amorosas que abren de inmediato el camino a que la luz divina de Uriel llegue y se expanda alrededor de nuestras vidas, trayendo cada día mucha más prosperidad y mejoras en nuestra economía y trabajo.

Uriel siempre estará allí esperando que tú lo invoques y le pidas lo que desees. Existe una máxima que dice: "Pide y se te concederá, toca y se te abrirá", y es Uriel el fiel representante de esta oración; es el arcángel que te abre todos los caminos para que tú siempre cuentes con todo lo que necesites, mientras pidas que él entre en tu vida con su luz de amor, inteligencia y prosperidad.

Meditación para alcanzar la prosperidad integral

Ahora es el momento de interiorizar la fuerza de la amada Presencia de Dios Padre-Madre, Yo Soy. Toma asiento en un lugar cómodo, aleja de ti cualquier cosa que te distraiga de tu centro, cierra los ojos y respira profundamente tres veces: inhala, exhala; inhala, exhala; inhala, exhala. Ahora deja caer todo el peso de tu cuerpo sobre el asiento, relájate, suelta todas tus cargas; sin dejar de sentir el peso de tu cuerpo sobre el asiento, escucha atentamente el ritmo de tu respiración y escucha mi voz con tranquilidad, ahora desliza tu lengua sobre tus dientes, siente el sabor de tu paladar, respira profundo, relájate y regálate este momento de quietud; dirige tu atención a todos los olores presentes en el ambiente, percibe el aroma de tu perfume, concéntrate, dirige tu atención a tu cuerpo, percibe la sensación de la ropa sobre tu piel, siente el roce de tu cabello con el cuello, percibe la temperatura de la piel, escucha los latidos de tu corazón.

Ahora, en la quietud de tu ser, en la profundidad de la amada Presencia, visualiza un hermoso mar, observa su color azul profundo, percibe el sonido de sus olas, el olor de su brisa salada; mira con detenimiento todos los detalles: las palmeras, los animales, el sol; estás sentado allí, solo, sin nadie a tu alrededor, siente cómo la espuma del agua roza suavemente tus pies, es una caricia de la naturaleza, una caricia que te recuerda que eres parte de todo lo que es, relájate, disfruta estas sensaciones tan placenteras, respira profundamente, siente la brisa del mar acariciando tu rostro, tu piel, tu ser. Siguiendo la visualización, ahora te pones de pie, sientes la suavidad de esa arena blanca, mira cómo los granos de esa arena ruedan por tus pies; ahora avanza lentamente hacia tu lado izquierdo, camina, siente la brisa, la arena, el sol en tu rostro. Ahora, si pones atención, descubrirás un hermoso sendero lleno de plantas y flores; ese camino te llama, siéntete atraído por él, confía, te pide que lo camines, observa a tu paso cada árbol, cada flor, mira cómo las mariposas se posan en ellas, siente el roce de las hierbas crecidas, acaricia esas hermosas plantas, no pares de caminar, déjate llevar por este bello sendero. Ahora, entre las plantas, mira cómo empieza a dibujarse una fantástica montaña, una montaña verde, llena de vida, que te llama, que te atrae desde lo más hondo de tu ser; avanza con alegría, siente esa preciosa sonrisa dibujarse en tu rostro. Ahora te dispones a escalarla, a ascender por ese camino que vienes recorriendo, ese sendero te conduce a la cúspide, continúa tu marcha, no te detengas, tu objetivo es subir hasta el punto más alto, no pierdas de vista la hermosa naturaleza que te rodea. Visualiza ahora la cúspide de esa enorme montaña, tu objetivo de llegar a ella, asciende sin detenerte, relájate y ten la confianza que se necesita para llegar; ahora visualízate en la cima, has llegado con éxito, toma una respiración profunda de ese aire tan puro, gira y mira a tu alrededor la maravilla del mundo que te rodea, abre tus brazos, mira al cielo, date cuenta de cómo se funden el cielo y el mar en un azul profundo; abre tus brazos y recibe la abundancia del universo, es tu amada Presencia, Yo Soy, manifestándose y expandiéndose en todas las direcciones, ábrete a la prosperidad del mundo.

Ahora, en la cima de esa montaña, dirige la vista al cielo y observa cómo se desprende un potente rayo de luz anaranjada desde el sol, siente cómo ese rayo se dirige a ti, mira cómo esa luz dorada-naranja penetra por tu cabeza, siente ese calor en tu coronilla, es la luz de Dios, la luz que suple todas las necesidades; vibra con esa energía luminosa, esa luz ahora llena todo tu cuerpo; mira a tu cuerpo resplandecer en tonos dorados, y observa cómo de tu manos empiezan a salir destellos de esa luz que se materializa en riquezas; observa cómo salen el oro y las joyas de tus manos; ahora préstale atención a tus pies, mira cómo brotan de ellos hermosas rosas que cubren por completo la cima de esa mágica montaña, siente el olor de esas rosas producto de tu fe. Ahora mientras observas esas flores nacer, realiza tres respiraciones profundas: una, dos, tres. Lentamente, abre tus ojos, estás en el aquí y ahora, guarda esa sensación de bienestar y prosperidad, guárdala en tu mente y en tu corazón, y decreta con mucha convicción lo siguiente, repite conmigo tres veces:

Las riquezas de Dios fluyen a mí como lluvia que cae a torrentes desde el cielo. Gracias, Padre, que es así.

Invocaciones de prosperidad

Ahora repitamos estas invocaciones para alcanzar la prosperidad integral, repite conmigo:

> Yo Soy la sabiduría del buen vivir en el justo equilibrio. Yo Soy la abundante provisión que cubre todas mis necesidades, las de mi hogar y mi familia. Hago conciencia de que la divina Presencia me ampara y me asiste. Gracias, amada Presencia, por la abundante provisión que espero.
>
> Yo Soy la riqueza de Dios manifestada para el bienestar de mi vida, la tranquilidad de mi hogar y el descanso que necesito. Yo Soy la sustancia y la opulencia en mi ambiente personal, en todas las cosas constructivas que deseo. Yo Soy la fe para esperar y el autocontrol mental para atraer hacia mí la prosperidad que demando.
>
> Hago conciencia de que la fuente de todo suministro no está en el plano físico, sino que ese banco supremo y todo proveedor están en mi divina Presencia, el Padre, que vela por mí y cubre todas mis necesidades. Yo confío en su magno poder y sé que son muchos los caminos de manifestación por donde puede llegar la prosperidad que demando. El poder está en Yo Soy, mi banco supremo es Yo Soy. La Divina Providencia me ampara y cubre todas mis necesidades. Hoy todo está cubierto y mañana será otra vez hoy.

Yo Soy la llave del amor divino que abre las puertas de la prosperidad en mi vida, porque el amor divino es el logro victorioso que todo lo resuelve. No le doy poder a ninguna apariencia exterior. Le ordeno a mi parte humana que se aquiete y se tranquilice. Yo Soy la liberación en la luz. Yo Soy la conciencia de prosperidad que cambia mis patrones mentales y expande los horizontes de mi vida. Pienso en grande y quito la apariencia de limitación de mi mente y mis sentimientos. Quiero, demando y espero prosperidad en abundancia y un ambiente a tono con mis deseos.

Controlo los razonamientos de mi intelecto, las dudas y sobresaltos de mi personalidad. Me mantengo en paz, serenamente. Confío en el gran poder de Dios que cubre todas mis necesidades y las de mi familia. Invoco a mi divina Presencia, decreto prosperidad y así lo espero. Yo Soy la sabiduría del Padre que me dirige hacia el logro de la situación próspera y estable.

Decreto orden divino en mis asuntos, mi trabajo y mi ambiente personal, Yo Soy el ajuste armonioso de lo que precisa, a través de la autocorrección del Yo personal, la disciplina y la comprensión de la verdad. Acepto la verdad y realizo la verdad, que es el abundante suministro del bienestar para una vida equilibrada y tranquila. Yo Soy la prosperidad en aumento, el discernimiento espiritual en forma de ideas realizadoras que me hacen progresar. Yo Soy la voluntad en acción desde lo interno. Yo Soy el justo equilibrio y el lugar preciso, donde debo estar. Doy las gracias a mi amada Presencia, Yo Soy.

El amor divino, a través de mí, bendice todo lo que recibo y lo que doy para que se multiplique en mis manos y en las de todas las personas a quienes llega. Decreto que la bendición aumenta el suministro y lo que deseo para mí lo deseo también para todos los demás. La ley de la divina provisión me hace prosperar.

Yo pongo a circular el bien con generosidad y gozo. Doy abundantemente y sin reservas como Dios da, sin ningún pensamiento de recompensa, sin pedir nada a cambio, libre e impersonalmente. Sé que a todo el que da se le regresa tarde o temprano multiplicado. Somos los distribuidores de las riquezas del Padre y no los amos. Nunca nada material pertenece a persona alguna porque todo lo físico regresa a la tierra de donde procede.

Yo Soy la sabiduría del dinero bien administrado, con generosidad y justicia. No fijo canales específicos en mi provisión y confío en la Divina Providencia, la cual siempre da más y mejor. No limito la abundancia con mis propias medidas, pues sé que son infinitos los caminos y las oportunidades para la manifestación del bienestar y la prosperidad.

La verdad de Dios, en este hogar, es que seamos

prósperos y felices, que no nos falte nada. Doy las gracias a mi divina Presencia por la abundante provisión que acepto, recibo, bendigo y proyecto a toda la humanidad. Tengo fe en mis ideas para prosperar y producir porque la inteligencia divina está en mí y el Padre no quiere que yo carezca de nada. Bendigo la divina sabiduría que me conduce y realizo mi capacidad de acción. Yo Soy paciente, positivo, persistente y optimista, con la firme determinación de triunfar en el logro de mi prosperidad.

Siembro la semilla de la prosperidad, la riego cada día y la energizo porque sé que todo cuanto nace en la mente se manifiesta en la vida. Diariamente, trabajo con la ley del perdón, la llama violeta y la llama rosa del amor divino. Yo Soy la fe, la confianza y el bien manifestados. Yo Soy toda la opulencia del Padre creador.

¡Gracias, Padre, por todo lo que me has dado en esta vida! Por tu luz y tu voluntad suprema en mi conciencia; porque por tu gracia soy perdonado, tengo salud y tú siempre me conduces al conocimiento de la verdad que me hace libre.

Invocaciones para atraer el dinero

Ahora repite conmigo estas invocaciones para atraer el dinero con la ayuda de la amada Presencia, Yo Soy, y el arcángel Uriel:

Amada Presencia, Yo Soy en mí, te amo, te bendigo, te saludo y te pido que veles para que yo cuente siempre con toda la provisión de dinero que me sea necesaria. Gracias.

Amada Presencia, Yo Soy en mí, te amo y te bendigo, te saludo y te pido que de tu gran tesoro, que es la fuente suprema, proyectes a mi mundo la provisión que me hace falta, el dinero que preciso y controles mis sentimientos para que así se manifieste. Gracias.

Amada Presencia, Yo Soy en mí, te amo, te bendigo y te saludo y decreto que tú eres mi tesorería. Descarga el dinero y la abundancia que yo quiero por el poder del amor divino. Gracias.

Amada Presencia, Yo Soy en mí, te amo, te bendigo y te saludo y declaro que ¡necesito dinero! Te invoco a la acción y pongo este asunto en tus manos para que lo resuelvas. Yo Soy la ilimitada opulencia del Padre, manifestada en mi vida, que cubre todas mis necesidades en este eterno presente. Gracias te doy, divina Presencia. Confío y espero porque sé que me has oído.

Amada Presencia, Yo Soy en mí, te amo, te bendigo y te saludo y decreto que este es tu trabajo de luz. Tú tienes toda la provisión de dinero y lo que se necesita para mantenerme en esta actividad. Gracias.

Amada Presencia, Yo Soy en mí, te amo, te bendigo, te saludo y te pido que llenes mi cartera con la provisión ilimitada de dinero que necesito. Gracias.

Amada Presencia, Yo Soy en mí, te amo, te bendigo, te saludo y te pido que te encargues de estas cuentas y vales para que sean pagados por el poder del amor divino. Dame paz y acalla mi parte humana. Gracias.

Poderoso Yo Soy en mí, te amo, te bendigo, te saludo y te pido que cargues mi ambiente, trabajo y actividades con la previsión financiera y el suficiente suministro. La Divina Providencia me da, con abundancia, el sustento que preciso y mi prosperidad económica se manifiesta en bien de todos. Bendigo el dinero que me dan y el que yo entrego para que se multiplique a plenitud. Decreto la verdad, que es la prosperidad económica en mí y en todos. Controlo mi parte humana para que sepa esperar, se mantenga tranquila y no se entrometa. Yo Soy la opulencia del rayo oro-rubí en bien y armonía. Doy las gracias.

Divina Presencia, Yo Soy en mí, te amo, te bendigo, te saludo y te pido que descargues tu gran poder en mi trabajo para que transcurra en paz y armonía, con suficiente rendimiento y bienestar, en éxito y victoria. Yo Soy el amor divino de mi amada Presencia que todo lo ajusta y embellece. Yo Soy la cordialidad en el trato, la justicia y abundante provisión en las labores cumplidas.

Divina Presencia, Yo Soy en mí, te amo y te bendigo, te saludo y te pido el puesto y el trabajo que me pertenecen, existen y me están esperando. Si alguien lo está ocupando, lo está desempeñando mal porque es mío por derecho de conciencia y ningún otro mejor que yo puede cumplirlo a la perfección. Pido que esa persona encuentre su trabajo perfecto para que ella también progrese y mejore. Envuelve esa colocación con amor y llena de amor el vacío que hay en mi vida. Gracias, Padre, que ya estoy en mi puesto correcto y verdadero.

Afirmaciones para desarrollar un optimismo abrumado

Sin importar de qué se trate, en adelante elijo solo el optimismo.
Me siento relajado, soy recursivo, confío en mí mismo y en mi futuro.
Soy espontáneo, me gusta divertirme, soy feliz, activo y optimista.

Suceda lo que suceda, me niego absolutamente a sentir temor, el optimismo es mi nueva actitud.
Vivo una vida afirmativa y optimista en todo lo que hago, pienso y elijo. Me afirmo y me reconozco. Afirmo y reconozco mi valor y mi vida.

Afirmaciones para que la voluntad de Dios actúe en mi vida

La voluntad de Dios se manifiesta en mi vida como salud perfecta, armonía, felicidad, abundancia, éxito, prosperidad, paz, amor y una perfecta expresión en todo.

Es maravilloso saber que vivir en el presente, en el ahora, hace la siembra de lo que mi creador quiere expresar a través de mí. Yo solo me mantengo consciente de su presencia en mí y yo unido a él.

El todopoderoso se expresa libremente a través de mis pensamientos; consecuentemente, fluye a través de todo mi ser, manteniéndome siempre perfecto, alegre y feliz de acuerdo con su voluntad.

Gracias, Dios, por esta maravillosa verdad, la cual me mantiene en perfecta armonía conmigo mismo y con todos los demás.

Mi vida está en paz.

Abierto(a) y receptivo(a) a tu divina voluntad, ¡amén!

Oración metafísica para conseguir trabajo

Gracias, universo amado, porque ya tú tienes para mí el empleo perfecto. Ahora mismo tú me guías hacia él. Nada ni nadie puede evitar que yo sea guiado hacia él porque tu divina inspiración me dirige hacia mi mayor bien. Gracias, universo, porque en tu gran agencia de empleos mi solicitud es atendida y nunca puesta en los archivos del olvido. El mundo está lleno de empleos para terminarse y otros para ser empezados. Ellos necesitan de mis talentos y habilidades que ahora ofrezco con amor.
El universo no conoce de favoritismos ni de "padrinos políticos"; por lo tanto, él me proporciona el puesto que en justa ley y equidad me corresponde, por mi preparación y el deseo de servir. Yo doy gracias al universo ahora mismo por mi sitio de empleo perfecto. Escucho la voz del universo que me dice: "Tus puertas estarán abiertas; no se cerrarán ni de día, ni de noche". La inteligencia divina me guía a mi

empleo perfecto en el momento propicio por los senderos. La sustancia eterna del espíritu es mi aprobación cotidiana y todas mis necesidades son cubiertas ahora y siempre.

Mapa de los deseos

No se trata de un baño, ni de un embrujo, ni un talismán. Es un ritual muy antiguo basado en que el pensamiento tiene fuerza y poder y el *Mapa de los deseos* es la manifestación de este pensamiento. Es como una maqueta para los arquitectos porque es eso: *ver hecho, plasmado, lo que yo imaginé, lo que yo concebí.*

Antes que nada, tenemos que tener claro que todo lo creado fue antes pensado. Cuando yo deseo algo, en algún plano de la existencia ese algo se crea tan solo con que yo lo desee o le ponga atención. El libro del alquimista nos ha enseñado que, *cuando queremos algo, el universo entero conspira para dárnoslo.*

El Mapa de los deseos tiene un 100% de seguridad de cumplimiento *garantizado.* Esta garantía se basa en que es una poderosa conexión con tu verdadero poder.

Preparación del espíritu para hacer el Mapa de los deseos

Debemos sacar los miedos de nuestra vida y uno de los miedos más grandes que tenemos es que no creemos que eso que queremos existe y que es para nosotros.

Debemos estar seguros y confiar en que eso existe. A veces podemos tener miedo por pensar que eso que queremos cuesta mucho dinero; si lo que queremos tiene precio, mejor aún, pues sabemos que podemos tener acceso a eso por ese precio.

El Mapa de los deseos siempre nos reflejará las dudas y miedos que tenemos porque es amor en acción y, como ya sabemos, el amor hace a un lado todo lo que no es amor. Esos miedos pueden ser nuestros pensamientos (el radio prendido) o que alguien venga y nos sirva de columna de respuesta, que es la manifestación externa de los miedos que tengo y no veo. Por eso es importante, antes de hacer el *Mapa de los deseos*, sacar esos miedos; luego nos sentamos con lápiz y papel y escribimos: "Los miedos que tengo para conseguir esto son...", y allí comenzamos a escribir, dejamos salir todo, por más insignificante, absurdo, ridículo o tonto que parezca, sin parar. Luego, cuando sintamos que ya terminamos, que ya no queda nada, lo leemos y lo quemamos. Y si cada vez que leemos el *Mapa de los deseos* sentimos algún miedo, duda o alguna vocecita interior, también podemos hacer el ejercicio de los miedos y quemarlos.

El Mapa de los deseos puede hacerse para cualquier cosa, material o espiritual, para cualquier situación, porque precisamente permite plasmar nuestros deseos y al plasmarlos ya sabemos que eso es para nosotros.

¿Qué es lo que quiero?

La claridad es fundamental. Debemos reconocer la diferencia que hay entre anhelo y deseo. Muchas veces anhelamos cosas que realmente no queremos y que, por supuesto, nunca se nos van a dar y nos pasamos la vida en eso. Debemos alinearnos con la energía de lo que queremos. Tenemos que estar claros de qué es lo que queremos, en todos los sentidos, y debemos estar ciertos de que es *algo que ya se da por hecho*, esto es así porque ya lo pensé y al pensarlo lo creé.

Una vez que ya sabemos qué es lo que queremos, empezamos a utilizar nuestro poder con la certeza de que *eso existe*. Debemos estar seguros de que eso que estamos pidiendo *ya existe para mí* y lo que voy a establecer es cómo quiero que eso se dé. Esto pareciera una forma de controlar, pero en el fondo no es así, ya que cuando yo sé qué es lo que quiero y cómo lo quiero, lo *suelto* (soltar es dejarlo en manos de Dios, del universo, de la energía universal, del Espíritu Santo). Cuando estoy generando algo aquí y ahora, tengo la seguridad absoluta de que, en algún otro plano energético, eso que yo estoy pidiendo existe para mí.

El Mapa de los deseos siempre me va a recordar lo que está en mi mente y en mi corazón. No podemos limitarnos al pedir, no pedir cosas chiquitas, ni tampoco nos debe importar cómo eso se va a dar. No podemos manipular y decir yo quiero que esto se dé así, así y así. ¡No!, se trata de manifestar qué y cómo lo quiero y a partir de allí *soltar*.

¿Cómo encabezarlo?

Lo qué deseo debe encabezar *siempre* el *Mapa de los Deseos*. Eso es un decreto que yo hago, es un hecho. El título debe estar visible y en letras grandes.

Por ejemplo

Este es el carro que yo quiero.
Este es el carro que yo merezco.
Este es el departamento para mí.
Este es el cuerpo sano que me abro a recibir.
Esta es la pareja perfecta para mí.

No se puede hacer el *Mapa de los deseos* por otro, cada quien debe hacer el suyo propio; ni siquiera en el caso del *Mapa de los deseos* por salud. En el caso de personas enfermas, les podemos ayudar o inspirar, pero la persona debe hacerlo y estar allí, poniendo su energía en eso.

Ley de la preparación

Consiste en crear las condiciones perfectas para que se dé lo que estamos pidiendo. Aquí realmente puedo saber si es eso lo que quiero. Por ejemplo, si lo que estoy pidiendo es un carro y no sé manejar, lo primero que debo hacer es tomar clases de manejo porque si no, ¿qué voy a hacer cuando llegue el carro? Luego saco los documentos legales necesarios, como certificado de salud, licencia de conducir, etcétera. Entonces, voy a agencias de automóviles y comienzo a verlos: cuál es el que me gusta, cuál quiero, lo manejo, veo los colores, me puedo llevar una cámara fotográfica o, ahora con los celulares que todos tienen cámara, pedirle al vendedor que me tome una foto a bordo de mi carro esa puede ser la imagen central del *Mapa de los deseos*).

Una vez que ya decidí cuál es el auto que quiero, en qué color lo quiero, con qué accesorios, pido presupuestos y a partir de allí comienzo a solicitar precios, a preparar los documentos para tramitar el crédito, etcétera. Desde ese mismo instante el carro está en tu vida, ya existe, solo hay que esperar que llegue; a partir de ese momento ya todo está listo, preparado y allí comienza a funcionar la ley de sincronía: cuando yo salgo a buscar algo, ese algo también sale a buscarme a mí. Esta ley es inexorable (si no se da el encuentro entre ambos es porque allí hay miedo).

Si yo quiero hacer el *Mapa de los deseos* para tener el cuerpo perfecto no puedo hacer como alguien que yo conozco que hizo su *Mapa de los deseos* y colocó las fotos de todas las modelos famosas con su cara. Entonces, yo le dije: ¿y qué más?, ¿estás haciendo alguna dieta?, ¿algún cambio de alimentación?, ¿te inscribiste en un gimnasio?, ¿vas a comenzar a caminar?; y me dijo: "no, nada más". Eso así no funciona, hay que ponerle acción, comenzar a preparar el terreno para que eso se dé. Y en este caso hay que hacer el *Mapa de los deseos* del *resultado,* no del proceso; no fotos de alguien haciendo ejercicios y sudando o haciendo dietas. ¡Cuidado con eso!, porque van a pasarse toda la vida haciendo dieta para tener el cuerpo perfecto.

Si lo que quiero es un nuevo departamento o casa, además de hacer el *Mapa de los deseos,* comienzo a arreglar el departamento actual en el que vivo para dejarlo perfecto para las personas que lo vengan a habitar; y entonces, si hay que pintarlo o repararle algo, lo hago, en eso radica la ley de la preparación.

¿Qué quiero lograr?

Siempre debo preguntarme y colocar en el *Mapa de los deseos* "lo que yo quiero lograr de esto es...": "lo que quiero lograr con esto es...". Por ejemplo: yo tenía un amigo que quería un coche. ¿Para qué quieres el coche?, le pregunté. "Bueno, para mi libertad". Y le llegó "el maestro perfecto de la libertad", porque cuando salía a fiestas o reuniones donde no había donde estacionarse, y mientras todo el mundo disfrutaba de la fiesta y bailaba, él estaba asomado en el balcón ¡cuidando el coche!, ¡la libertad!

Otro ejemplo: yo, Mario, no quiero yates, ni lanchas, ni aviones, nada de eso, pero sí quiero que mis amigos los tengan y me inviten a disfrutar con ellos. Si alguien está pidiendo pareja, tiene que preguntarse ¿para qué quiero yo una pareja? Y si la respuesta es para poder ser feliz o algo parecido, es mejor que empiece a trabajar su felicidad desde ahora y no esperar a que venga alguien a hacerlo feliz, porque no va a llegar; de hecho, cuando alguien huele eso, huye, sale corriendo. Una vez que se ha escrito con claridad la razón por la cual se desea esto o aquello, no olvides poner: ¡*Gracias, Padre, esto es un hecho*!

¿Cómo lo quiero?

Aquí empiezo a colocar cómo quiero que se me dé lo que solicité. Por ejemplo, que sea fácil, cómodo, práctico, de manera placentera, de manera lícita, con fluidez, contando con el apoyo de todo el mundo, que pueda pagar las cuotas cómodamente, etcétera. No puede faltar nada, ningún detalle en la elaboración del *Mapa de los deseos* porque de allí nos van a agarrar facilito. Cuando nos conectamos desde la pasión de vivir y estamos claros de lo que queremos, eso no va a permitir que se nos olvide ningún detalle. Cuando lo que estoy pidiendo es pareja, no puedo hacer un *Mapa de los deseos* con fotos de gente famosa, ni de personas específicas. Tampoco puedo hacerlo diciendo: "yo quiero a esta persona específicamente". ¡No! Eso implica control y manipulación.

Anécdota

A una señora muy querida por mí le pasó lo siguiente: hace unos años, cuando ella no sabía acerca del *Mapa de los deseos*, como lo conocemos hoy en día, siempre iba a su trabajo en camión. Por supuesto, pedía con mucha fe y con corazón que quería encontrarse con un hombre educado, profesional, honesto, con dinero, que le propusiera mantener una relación seria con ella, que la ayudara a criar a sus hijos, que la tratara como una reina, que le comprara un departamento para así quedarse en casa atendiendo a su familia sin tener que preocuparse por el trabajo. Lo pedía con tanta fe cada vez que iba desde su casa hasta el trabajo, diariamente.

Un día, cuando iba caminando, un señor la detuvo y le dijo: "Señora, disculpe que la interrumpa, pero es que yo la he venido observando desde hace algún tiempo y quiero que sepa que yo soy un hombre solo, sin familia, sin compromiso y yo estoy dispuesto a atenderla y tratarla como una reina, ayudarla a criar a sus hijos; yo soy abogado y tengo varias propiedades, además puedo comprar un departamento para que así no tenga que trabajar más. Aquí le dejo mi tarjeta con mi dirección y mi teléfono para que pueda verificar mis referencias; yo soy un hombre honorable y muy responsable". Mi amiga quedó muy sorprendida, pues el hombre le dijo exactamente todo lo que ella había pedido con fe y no lo podía creer; no le respondió, tomó la tarjeta y llegó a su oficina.

Todo lo que pidió se le cumplió, solo que ella olvidó un detalle, olvidó pedir que a ella le gustara ese hombre que tanto pedía. Porque resulta ser que, según ella, este hombre era un sapo. Y ella llegó a su trabajo, le contó a una compañera lo que le había sucedido y pensó: ¿sería que se trataba de un sapo y yo debía darle un beso para que se convirtiera en príncipe?

¿Como quiero obtenerlo?

Poner todo en *presente*, recordando que esto *ya es un hecho*. Y empiezo a colocar todas las condiciones en las que yo quiero que eso se dé. Por ejemplo, si es un carro, que sea en una agencia donde me atiendan bien, donde me respondan por la garantía, con el crédito perfecto que pueda pagar, etcétera.

Poner los nombres o fotos de las personas involucradas (si es que hay más personas involucradas). Aunque, en caso de *Mapas de los deseos* de varias personas, lo ideal es que todas participen y pongan su energía, si no no se va a dar. Eso es especialmente en el caso de proyectos familiares, sociedades, empresas. Aquí funciona mi teoría de que todos somos una empresa y, por lo tanto, yo aplico mi teoría de empresa: el 100% de los integrantes debe tener el 100% de entusiasmo, todos con el mismo grado de entrega, el que no crea en esto es preferible no incluirlo, que no participe. Esto o algo mejor está sucediendo aquí y ahora, en armonía para todos los involucrados de manera perfecta.

Afirmaciones y agradecimientos

Colocar en el *Mapa de los deseos*, por ejemplo:

Yo tengo un universo que me complace.
Yo me merezco esto.
Yo soy el hijo predilecto de Dios.

Llenar todos los espacios con *agradecimientos*. No pedir, sino agradecer. Por ejemplo, en el caso del carro:

Yo agradezco la alegría de todos al ver mi carro nuevo.
Yo agradezco los regalos que me van a traer para el carro nuevo.
Yo agradezco el dinero perfecto para pagar el carro.
Cuando yo agradezco me convierto en cocreador.

Cerrar el *Mapa de los deseos* tesoro con la afirmación siguiente: "Esto o algo mejor ya está ocurriendo para mí en el universo en armonía con todos y de forma perfecta". Se debe hacer del *Mapa de los deseos* un acto creativo. Cuando sabemos y estamos claros de lo que queremos, debemos dejar salir a nuestro niño interior para que actúe.

A la hora de hacer el *Mapa de los deseos* tiene que haber creatividad, juego, pasión y un trabajo hermosísimo. Hay que usar colores, revistas, tijeras, cartulinas, témperas, etcétera, y cualquier otro elemento que se nos ocurra. Hay que dejar que ese niño interior salga a manifestar su creatividad con colores, con algo que sea bonito (pero bonito para mí), que sea un acto de amor, divertido, con risas, con juegos. El elemento base que se utilice no importa, puede ser cartón, cartulina, etcétera. El tamaño tampoco importa, todo es absolutamente libre. El *Mapa de los deseos* será producto del amor que se le ponga. Los colores, las imágenes, los dibujos, las fotos, los coloca cada quien según lo que sienta. Hay que hacerlo en un acto placentero, a partir del juego, y, así, cada vez que lo vea me acordaré de lo que quiero.

¿Qué hacer después con el Mapa de los deseos, una vez que lo terminé?

Una vez que tengo mi *Mapa de los deseos* hecho y cuando todo esté preparado, "*suelto*"; y eso va a tener su propio destino y su propio fin. Lo coloco en un sitio visible *para mí*, donde yo lo vea y le dé energía y amor; donde lo lea (preferiblemente todos los días), donde le ponga más cosas (si es que me doy cuenta de que le faltó algo o que se me olvidó algo), pero no hay que tacharlo ni borronearlo. No importa si alguien más lo ve o no, eso depende de lo que yo sienta. Nadie me lo puede "*dañar*", así que no por eso lo voy a esconder, ni no decírselo o enseñárselo a nadie. En este último caso, el único que lo puede "*dañar*" soy yo.

Rituales

Son muy particulares y no hay ningún tipo de limitación ni regla; todo es libre y permitido. Cada quien hace lo que quiera. Hay quienes le colocan velas y/o inciensos que contienen los cuatro elementos (aire, tierra, fuego, agua). Hay personas que le cantan, hay quienes le colocan piedras, flores, etcétera; hay otros que meditan con él, hay quienes le ponen las manos y quienes hacen respiraciones conscientes con el *Mapa de los deseos*.

Condiciones / elementos fundamentales

1. Tiempo. El tiempo es relativo, no hay que poner tiempos en el *Mapa de los deseos*; no se puede condicionar una fecha determinada. *Todo se da en el momento preciso y perfecto* para ello, ni antes ni después. Se puede colocar en el *Mapa de los deseos:* "Aquí y ahora esto se está dando, en el momento perfecto", o algo similar. Recordemos que el tiempo del miedo tiene urgencia, el tiempo de la paz y la felicidad es muy distinto, por eso no debemos limitarnos en un tiempo determinado.

2. *Espacio.* Crear el espacio perfecto para que esto se dé (ley de preparación).

3. *Energía y pasión.* El *Mapa de los deseos* siempre trae consecuencias maravillosas; hay que llegarle al espíritu de esto con la pasión de vivir, como si estuviéramos en la etapa del idilio. Es un acto de vida, de amor, de comunión.

Lo que debemos recordar

1. Se recomienda empezar con un solo *Mapa de los deseos* para "ratificar o comprobar nuestro poder" y luego, cuando ya manejemos esa energía, podremos hacer no solo uno sino dos, tres, cuatro, cinco *Mapas de los deseos* a la vez. El motivo básico es que si, cuando estamos comenzando a trabajar con esta herramienta hacemos varios a la vez, lo más seguro es que nos dispersemos y eso es una forma de evasión. Yo, Mario Vannucci, no recomiendo hacer un *Mapa de los deseos* global (es decir, que incluya carro, pareja, dinero, casa, viajes, etcétera) porque la energía se puede "perder" o "desviar".

2. El *Mapa de los deseos* se debe hacer con la situación resuelta; por ejemplo: si es un *Mapa de los deseos* para cancelar deudas, no puedo poner imágenes en las que me vea cancelando las deudas en la ventanilla del banco (porque si no será así, estaré toda mi vida pagando y pagando deudas); debo hacer el *Mapa de los deseos* viéndome feliz y exitoso, saliendo del banco porque ya cancelé todas mis deudas.

3. Si se va a hacer un *Mapa de los deseos* de salud, no debe hacerse del órgano enfermo, sino con un dibujo, foto, imagen del órgano sano. Puede utilizarse una foto del cuerpo completo de la persona y hacer que una luz salga del órgano que está enfermo.

4. Los *Mapas de los deseos* no solo se pueden hacer para situaciones gratas; se pueden realizar en caso de divorcios, separaciones, finalización de sociedades, salidas de trabajos, etcétera. Pueden hacerse juntos (los involucrados) o separados. Para que las salidas sean perfectas, sin resentimientos, ni rencores.

5. En un *Mapa de los deseos* no puede haber ningún tipo de control que le haga daño a otros. Por ejemplo: "yo quiero al marido de fulanita de tal para mí"; "yo quiero el departamento 18 del edificio Lomas 22", sin importarme quién viva allí. También debo tener en claro si lo que estoy pidiendo es lícito o no.

6. El *Mapa de los deseos* debe hacerse con *madurez*. Cuando yo hago un *Mapa de los deseos*, estoy tomando una decisión y eso puede ser difícil porque me confronta, puede hacer que salgan mis miedos que están profundos.

La mente próspera y el arcángel Uriel

7. Cuidado con los detalles, que no nos falte nada, pero que tampoco sobre nada.

¿Qué hacer después que se cumplió lo que pedí?

Cuando el *Mapa de los deseos* se cumple, lo quemo. ¿Por qué quemarlo?, porque es una manera de purificar y agradecer. Si después de hacer un *Mapa de los deseos* me doy cuenta de que eso no es lo que realmente quiero, lo agradezco, lo quemo y comienzo a hacer otro, utilizando otros dibujos, otras imágenes, otros recortes para hacer el nuevo. Hay veces que el *Mapa de los deseos* no se da completo y es perfecto que eso suceda porque tiene una enseñanza para mí. ¿Qué hago entonces? Primero, reflexionar y tratar de ver por qué no se dio completo, si puedo esperar a que se dé completo o qué sucedió allí, pues la mayor parte de las veces incide el factor tiempo. Pero si yo siento que ya se me dio todo lo demás, entonces lo quemo.

Por ejemplo: yo, Mario, quería un carro y preparé mi *Mapa de los deseos*, hice un cheque por el monto del carro y yo lo pedí de contado. El carro llegó, idéntico, hasta el color de la foto que yo había colocado en el mapa, solo que a crédito. Entonces yo no sabía si quemarlo o no. Allí comencé a entender que ese era mi primer crédito, y comprendí que lo que sucedió fue que yo tenía miedo de los grandes créditos y que eso era un acto de confianza para mí, y entendí que sí se me había cumplido el *Mapa de los deseos*, entonces lo quemé. Ahora estoy lleno de créditos, pues desde entonces se me han

190

abierto muchas puertas. Esa era la lección del universo.

Luego hay que medir si alguno de los detalles se dio; es decir, si el *Mapa de los deseos* no se cumplió exactamente como yo lo pedí, hay que reflexionar, buscar la lección y decidir entonces si quemarlo o no. En general, se puede dar completo o no, lo importante es que yo sienta si se dio o no y en función de eso tomar la decisión.

En el caso del *Mapa de los deseos* del dinero, es muy probable que antes de que se dé la gente pase por una situación de "no tener nada" para que comprenda que el poder está dentro de uno y que no debemos esperar que todo venga resuelto de afuera. Por eso no es aconsejable hacer un mapa de juegos de azar porque es esperar que la fortuna provenga de algo externo a mí.

Mapa de los deseos
de Mario Vannucci

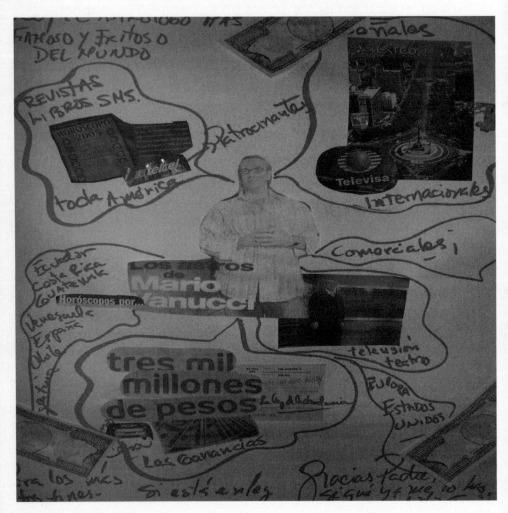

Este fue el Mapa de los Deseos lo hice mientras estaba en Guayaquil viviendo y trabajando. En ese momento pedí venir a México y trabajar en Televisa; escribir artículos de revistas y libros, así como vender mensajes de texto con mis horóscopos. ¡Gracias a Dios todo se está dando!

Recetas y rituales para atraer prosperidad y dinero

Sahumerio atrae dinero

Materiales

Incienso, mirra y copal para quemar en carbón
Carbones para sahumerio
Una cucharadita de azúcar morena
Ramas de romero secas

Procedimiento

En una copa para encender incienso pondremos a arder los carbones y después de que estén bien calientes procederemos a poner todos los ingredientes; saldrá un humo espeso que esparciremos por toda la casa, de la puerta hacia dentro.

Talismán de atracción del dinero

Introduce siete hojas de laurel, siete monedas doradas, un imán pequeño, gotas de sándalo, una pizca de azúcar morena. Coloca todo en un bolsita amarilla y llévalo en tu cartera. Te ayudará y recordarás que el dinero es una energía inagotable, y te dará mucha suerte para la lotería y el azar.

Ritual de florecimiento

Materiales

Una flor de loto de cristal
Diamantina (escarcha) dorada
Seis velas rojas

Procedimiento

Haremos una estrella de David con la diamantina o escarcha dorada y en cada punta pondrás una vela roja; en el centro coloca la flor de loto y enciende las velas pronunciando el siguiente decreto: "Decreto que hoy comienza mi florecimiento y mi prosperidad aumenta cada día. Gracias, amado universo, que es así".

Ritual de la madre tierra para prosperidad

Oración

¡Oh!, adorada Madre Tierra, vengo a ti en busca de ayuda. Mi mente y mi espíritu han estado a punto de quebrantarse; te ruego, adorada Madre Tierra, que escuches mis peticiones para que yo pueda alcanzar el triunfo y la prosperidad que anhelo.

Para lograr tus triunfos, debes comenzar encendiendo por una hora cada día dos velas, una rosada y una de color verde, lado a lado. Debes pararte frente a esa velas y recitar la oración, una vez, dejando arder las velas hasta que se cumpla la hora. Unta tu cuerpo con aceite de mandarina o de naranja sobre tu cabeza. En el agua para bañarte pones media cucharadita de aceite de lavanda, junto con diez gotas de aceite de girasol. Haz estas cosas, mi adorada criatura, con fe y constancia y el espíritu del triunfo y la prosperidad sonreirá en tu persona.

Ritual para abrir la prosperidad

Materiales

Una calabaza
Un plato blanco
Una veladora amarilla
Miel de abeja
Una llave vieja que no uses
Granos de maíz
Esencia de mandarina
Una imagen de la diosa de la fortuna, Lashkmi

Procedimiento

Toma la calabaza y hazle un hueco, de manera que parezca una olla; retírale todas las semillas. Coloca la veladora en el centro de la calabaza. Agrega la miel, esparce los granos de maíz sobre la miel, ponle esencia de mandarina a toda la calabaza; coloca la llave dentro de la calabaza, pega una estampa de la diosa de la fortuna en la parte de afuera de la calabaza, prende la veladora y déjala consumir. Cuando se termine la veladora, tira todo a la basura.

Con la ayuda de la llave y la diosa de la fortuna, este ritual te ayudará a abrir las puertas de la prosperidad infinita.

Ritual para que no falte el dinero

En este ritual utilizamos la energía del sol y de la luna para atraer la prosperidad económica que necesitas a tu vida.

Materiales

Un vaso de cristal
Agua bendita
Una bolsita de tela blanca
Una foto tuya
Tres monedas doradas
Hilo blanco y aguja para coser

Procedimiento

Este es un ritual que deberás realizar cuando haya luna llena o en cuarto creciente. Lo primero que debes hacer es colocar la foto encima de la tela blanca. Después, las tres monedas encima de la foto. Una vez que esté todo esto colocado, dobla la tela y cósela por los bordes a modo de bolsita en la que queden tu foto y las monedas dentro. Cuando ya tengas la bolsita de tela blanca con la foto y las monedas dentro, llena el vaso de cristal con el agua bendita y mete la bolsita dentro. Déjalo todo en un lugar donde le dé la luz del día y de la noche. Lo dejarás así durante tres días y tres noches. Después, saca la bolsita y déjala secar en el mismo lugar. Recuerda tirar por el lavadero el agua bendita del vaso. Cuando se haya secado la bolsita, llévala siempre contigo y pronto verás los resultados.

LAS DOS SÁBILAS CUIDANDO TU PUERTA

Una cura maravillosa con el Feng shui es colocar en ambos lados de la puerta de entrada de tu casa dos macetas con plantas de sábila (aloe vera); el secreto es que antes de sembrarlas harás un lazo con un listón rojo y lo colocarás en la raíz de la planta, junto con una moneda. Esto te ayudará para que tu casa y tu puerta estén protegidas de malas intenciones y con las monedas atraigas la prosperidad del dinero.

El símbolo de la doble felicidad

Hay un símbolo muy conocido en el Feng shui que es el símbolo de la doble felicidad; este debe ser colocado en la esquina derecha de la recámara, viéndola desde la entrada. En esta posición, este símbolo hará que llegue la pareja que tanto deseas, pues si no la tienes promulgará la energía para que aparezca en tu vida la pareja perfecta en amor y armonía.

El pozo del dinero

En un recipiente de vidrio, preferiblemente de tipo pecera, hay que poner una cuarta parte de monedas y las otras tres cuartas partes de arroz. Este pozo se coloca en la zona izquierda de la casa y todos los días metemos nuestras manos y decretamos: "El dinero se multiplica en mis manos como el arroz". Renueva tu pozo del dinero todos los años, las monedas conviértelas en billetes y dónalos a una fundación.

La rana de tres patas

En la técnica del Feng shui hay un símbolo muy importante que es la rana de tres patas, que debe ponerse cerca de la puerta de la casa con la cola hacia afuera. En la boca tiene una ranura donde se le pone una moneda china que significa que el dinero entra en nuestra casa en abundancia. No dudes ni un segundo en poner una ranita de tres patas, pues te traerá suerte y fortuna.

Las ocho monedas de la fortuna

Los chinos tienen la costumbre de amarrar ocho monedas con una cinta roja y colgarlas en la manija de la puerta dentro de la casa. El número ocho o número del infinito es el número de la suerte en China, ya que representa la movilidad infinita de la riqueza. Coloca estas ocho monedas en tu puerta y verás cómo todo en tu casa, en lo que a prosperidad económica se refiere, cambia para siempre.

Ritual de todos los viernes con el arcángel Uriel

Materiales

Una vela de color naranja
Una cesta con siete mandarinas
Un incienso de mandarina

Procedimiento

Todos los viernes, día de la semana que se le ofrece al arcángel Uriel, se ponen como ofrenda en un plato o cesta las siete mandarinas, de inmediato le encendemos la vela color naranja y el incienso de mandarina y decretaremos: "Las riquezas del universo fluyen a mí como lluvia que cae del cielo".

Baño de prosperidad

Materiales

Tres naranjas
Tres ramas de canela
Una cucharada de miel de abeja
Siete clavos de olor
Tres estrellas de anís

Procedimiento

Ponemos a hervir las naranjas partidas por la mitad en cuatro litros de agua; cuando estén bien hervidas, apagamos el fuego y le ponemos los demás ingredientes. A la mañana siguiente, levántate muy temprano y báñate normalmente; deja caer esta agua de cabeza a pies y déjala secar un rato sobre tu cuerpo; sal a la calle con la firme idea de que la prosperidad entró en tu vida.

Nota: en aromaterapia, el aroma de las naranjas y de las mandarinas es el de la prosperidad y el dinero, si no consigues naranjas, lo puedes hacer con mandarinas.

Ritual con San Judas Tadeo cada día 28 de mes

Cada día 28 enciende en tu casa una vela amarilla y otra verde a ambos lados de la figura de San Judas Tadeo y verás cómo la prosperidad llegará a ti de manera increíble. Aquí te dejo la oración de San Judas Tadeo para que acompañes el encendido de las velas el día 28.

Oración a San Judas Tadeo

Apóstol gloriosísimo de nuestro Señor Jesucristo, aclamado por los fieles con el dulce título de *abogado de los casos desesperados*, hazme sentir tu poderosa intercesión aliviando la gravísima necesidad en que me encuentro. Por el estrecho parentesco que te hace primo hermano de nuestro Señor Jesucristo, por la privaciones y fatigas que por Él sufriste, por el heroico martirio que aceptaste gustoso por su amor, por la promesa que el divino Salvador hizo a Santa Brígida de consolar a los fieles que acudiesen a tu poderosa intercesión, obtenme del Dios de las misericordias y de su Madre Santísima la gracia que con ilimitada confianza te pido a ti, Padre mío bondadosísimo, seguro de que me la obtendrás siempre que convenga a la gloria de Dios y el bien de mi alma. Así sea. Glorioso Apóstol San Judas Tadeo, ruega por nosotros.

(Repetir tres veces)

En el nombre del Padre, del Hijo
y del Espíritu Santo. Amén.

Detente, enemigo

Coloca dentro de tu ropa un Corazón de Jesús en una estampa plastificada y escríbe detrás: "Detente, enemigo, el Corazón de Jesús está conmigo". Úsalo a diario, no pasará nada negativo en tu vida y alejarás a los enemigos, tantos los que estén presentes, así como los ocultos. Este ritual es una barrera de protección muy fuerte, debes confeccionarlo tú mismo y el escrito deber ser hecho con tu propia letra.

Oración al Señor de los trabajos

Oh, Jesús mío crucificado, que haz dicho: vengan a mí los que trabajan y están cargados de miseria y yo los aliviaré. A ti vengo y con todas las fuerzas de mi alma te digo: creo en ti, Jesús mío, por que sé que eres el único que quieres todo el bien para mí. Te amo, Jesús mío, porque sé que eres el único verdadero y sumo bien. Concédeme, Señor, lo que te pido (aquí haces la petición y reza tres Padrenuestros).

Amén.

Oración a Abundia para tener siempre abundancia

Abundia, Abundia, Abundia, gran ser angelical de la abundancia y la prosperidad divina, yo vengo aquí al valle sagrado de la petición sincera, de la petición divina. Extiendo mis brazos hacia ti, amada Abundia, y con gran respeto ofrendo mis peticiones para que sean saciadas con tu divina voluntad y con toda tu fuerza y tu divina y extraordinaria potencia. Abundia, Abundia, Abundia, úngeme en el mar sagrado de tu divina prosperidad y báñame con el chorro de los caudales del río sagrado de la abundancia, dame sabiduría para obtener cada una de las bendiciones que recibo, que estoy recibiendo y que voy a recibir de tus grandiosas bendiciones por tu bendita mano. Dame oro que es el metal más puro para purificar mis bolsillos, dame rubíes, dame zafiros, dame diamantes y dame olivos, llaves divinas para abrir puertas y que esas puertas lleven a mí y a mi familia por senderos de prosperidad y de abundancia infinita, y que todo tu poder y que toda tu fuerza caiga y recaiga sobre mí, sobre mis manecillas, sobre las arcas de mi hogar y sobre todo sobre la certeza firme de que tú abrirás ese grandioso reino de prosperidad y de abundancia para poder obtener y saciar todas aquellas peticiones que en mí esperan, y que se realice de inmediato en el momento de leerlas, de sentirlas y de escucharlas, y recibir la prosperidad con la bendición de Dios nuestro Señor.

Amén.

Ritual con San Pancracio para dinero y prosperidad

Materiales

Una imagen de San Pancracio
Una vela de color naranja
Un ramo de perejil en un florero
Siete claveles rojos

Procedimiento

En tu negocio coloca una imagen de San Pancracio y todos los lunes le pones una vela de color naranja y el florero con las ramas de perejil acompañando los siete claveles rojos. Verás cómo en pocos meses tu negocio es próspero y entrarán el dinero y los clientes en abundancia.

Ritual en la mesa para que nunca falte abundancia

Según el Feng shui, en la mesa debes tener una cesta llena de manzanas rojas para atraer la abundancia; debes cambiarlas todas las semanas para que mantengas la energía de la prosperidad en tu casa. Te aconsejo que sean ocho (8) el número de suerte para los chinos, que significa la infinita abundancia.

Limpieza del aura con sal marina

Una manera de limpiar el aura es darse, después del baño, una buena frotada de cuerpo con sal marina en grano, así lograrás sacar todas las energías negativas de tu aura. Cuando te saques la sal, hazlo de preferencia con agua bien caliente y después ponte perfume; el alcohol que contiene este te ayudará a que se limpie y reluzca tu aura todo el día.

El espejo de ocho lados para alejar la mala vibra

Hay unos espejos de ocho lados que venden en las casas chinas que se llaman *Pa Kua* y se ponen en la puerta de la casa al frente, a la altura de tus ojos. Este espejo atraerá la buena fortuna a tu casa y repelerá toda mala energía que venga del exterior, y así protegerá a todos los que vivan en ella. Yo personalmente lo puse en mi casa y desde ese día todo ha sido surgir y prosperar.

Oraciones metafísicas para dejar ir el pasado

Yo (menciona tu nombre completo) bendigo y perdono a todo el mundo; me perdono a mí mismo(a) por todos los errores y faltas que haya cometido en el pasado. Yo bendigo y perdono todas las experiencias que de una u otra forma hayan sucedido en mi pasado, las cuales me hayan causado daño, haya sido esto real o imaginario. Yo bendigo, suelto y dejo ir de mi mente el pasado para que Dios en mí y en mis hermanos actúe para nuestro mayor bien.

Oraciones para la vida diaria

Una oración es un vínculo que une a la luz con tu Yo interno. Cuando oras, estás hablando de manera muy sincera y de corazón con Dios. No hay tamaño ni tiempo para las oraciones, pueden ser tan cortas o tan largas como tú desees. La oración debe ser consciente, sentida, con fe y que salga del fondo de tu corazón envuelta en el más puro amor divino. No se debe confundir una oración con un rezo; un rezo es una frase que se encuentra ya creada, únicamente para ser repetida tantas veces como se quiera. Una oración, en cambio, es una frase creada por ti para algún propósito específico. A continuación te damos ejemplos de oraciones que puedes emplear según requieras; las puedes modificar según tus necesidades, pero nunca perdiendo la esencia:

Al levantarse

Gracias, universo, por este nuevo día de vida que tú me concedes. Que sea para tu gloria, para mi bien y el de mi prójimo. Ilumíname para hacer bien mi parte de tu plan de hoy.

Al salir a la calle

La mano de mi Dios Padre-Madre va delante de mí, haciendo fácil, seguro y triunfante mi camino. Voy con toda fe y confianza porque voy protegido por la divina Presencia.

Al sentarse a la mesa

Bendigo y agradezco esta provisión que el universo pone sobre la mesa y bendigo a todos mis hermanos humanos, a los del reino animal, vegetal, mineral y elemental que han contribuido para que estos alimentos lleguen a mi mesa. Asimismo, bendigo al reino angélico y a todos los seres de luz que me guían, me acompañan y protegen.

Oración de fe

La presencia de Dios Padre-Madre está dentro de mí, soy un santuario viviente. Si yo permanezco constantemente consciente de esta verdad, estaré plenamente protegido en todo momento. Los brazos eternos de mi Dios me sostienen y nunca me dejarán caer.

Para el estudiante

Después de haber estudiado a conciencia las materias que se van a presentar, al entrar al aula de exámenes hacer la siguiente oración dirigida a los examinadores y mirándolos a su frente:

Reconozco la divina Presencia en el corazón de cada uno de ustedes, solo me preguntarán aquellas cosas para las que estoy mejor preparado. La divina Presencia me libra de todo miedo, temor y nerviosismo. Yo sé que yo sé; por lo tanto, ustedes me van a aprobar y yo doy gracias de antemano por su ayuda celestial y sé que yo saldré triunfante de esta prueba.

Cuando escasean los recursos económicos

El universo es mi inagotable provisión, mi banco supremo. Hazme llegar mi justa remuneración por mi trabajo y mi esfuerzo diario. Enséñame el camino de la luz divina para así encontrar prosperidad, abundancia y salud. Toma mi voluntad de servicio y de trabajo y hazlos prosperar.

Cuando alguien quiere intranquilizarte

Yo Soy la divina Presencia de Dios Padre-Madre en mí, que nada ni nadie puede perturbar ni molestar.

Cuando estás enfermo

Yo Soy fuerte y saludable, soy vital como el universo. Yo Soy la resurrección y la vida de todo bien en mi corriente de vida. Dios es vida, es salud perfecta, y como Dios Padre-Madre está en mí, la enfermedad es solo una apariencia.

Para cerrar tu aura

En el nombre de la amada presencia de Dios Padre-Madre en mí, cierro mi aura y todas mis puertas astrales, ante cualquier creación humana imperfecta o ante todo espíritu encarnado o desencarnado que intente perturbarme.

Para transmutación o limpia de energía

Yo Soy la ley del perdón y del olvido, Yo Soy la llama violeta transmutadora de todos los errores cometidos por mí a través de mí y limpio y transmuto todo lo negativo de esta vida en el pasado, en el presente y el futuro.

Protección para nuestros hijos

Otorgo a mis hijos la protección divina de la amada presencia de Dios Padre-Madre, la cual te cubrirá de su luz y guiará sus pasos. Los apartará de todos los peligros con su amor todopoderoso y los llevarán por caminos de paz. Gracias, amada presencia de Dios que todo lo bendices y proteges.

Cuando se presiente algún peligro

Yo Soy el manto de luz electrónica de protección impenetrable con que la divina Presencia me cubre de todo mal y peligro. Cierro mi manto blanco de luz incandescente que me hace invisible e invencible para toda cosa negativa que pretenda perturbarme.

La corona de adviento metafísica

Adviento es el tiempo en el cual los cristianos nos preparamos espiritualmente para celebrar el nacimiento del niño Jesús.

Preparación de la corona: se hace un círculo con ramas de pino o de otras platas de hojas pequeñas que se mantengan verdes bastante tiempo. Se le colocan cuatro velas de colores azul, amarillo, rosa y violeta. Se adorna con motivos navideños: ángeles, pelotas plateadas, doradas o de colores, campanas, flores, frutos, pájaros, etcétera. Se puede colgar del techo con listones o cintas de colores; yo particularmente la recomiendo en el centro de la mesa del comedor.

Ritual: cada domingo de adviento (que son los cuatro domingos previos a la navidad), se reúne la familia y amigos alrededor de la corona mientras un miembro de la familia o algún amigo especial encenderá una de las velas.

Primer domingo: la azul, que representa la fe
Segundo domingo: la amarilla, que representa la sabiduría (inteligencia divina)
Tercer domingo: la rosa, que representa el amor
Cuarto domingo: la violeta, que representa la transmutación (pasar todo de negativo a positivo)

Cada domingo preparan una oración sobre el tema del significado de la vela, la dicen y apagan la vela. El 24 de diciembre, en la cena de Navidad, encienden todas las velas, cenan todos juntos y festejan.

Simbolismo: la corona es el círculo de amor divino sin principio ni fin. El verde de las hojas frescas, la vida humana que busca la vida eterna, la salud, la verdad y la justicia. Las velas que se consumen y el fuego que da la luz representan lo transitorio de lo material, pero bien usado da calor, luz y vida. El humo de las velas es la elevación de nuestras oraciones de gracias y peticiones. Los adornos, de cintas, colores, ángeles, campanas, flores y frutos, esferas doradas y plateadas simbolizan y atraen la abundancia, la prosperidad y el éxito.

El espíritu de la Navidad

Cada 21 de diciembre es el solsticio de invierno, día en que baja el espíritu de la Navidad junto al arcángel Uriel (el de la prosperidad y el suministro) a dar, a cumplir todos nuestros deseos. Una tradición venezolana muy bonita es, cada 21 de diciembre, celebrar en familia el espíritu de la Navidad con un festejo con comida y una bonita reunión en la que se hace el siguiente ritual:

Materiales

Sobres de carta
Hojas de papel de color naranja
Lápices
Una ofrenda con una cesta de mandarinas
Una veladora de color naranja para el arcángel Uriel
Una buena comida, la que mejor sepas hacer.

Procedimiento

Todos juntos repartiremos los sobres y las hojas y haremos ese día nuestra carta de peticiones al espíritu de la

Navidad. La carta la debemos empezar pidiendo por las necesidades mundiales, por la Tierra y por nuestros familiares; luego, sin ninguna miseria y bien especificado pediremos todo lo que queremos que se nos cumpla. Al final de la carta se debe escribir: "Gracias, Espíritu de la Navidad y gran arcángel Uriel, porque todo esto está ya concedido, bajo la gracia divina y de manera perfecta".

Oración a los siete arcángeles

Yo Soy el arcángel Rafael, cubriéndonos amorosamente con el poderoso manto de luz, verdad, salud perfecta y paz en el corazón y la mente.

Yo Soy la resurrección y la vida de mi eterna juventud y belleza, perfecta vista y oído, fuerza ilimitada, energía y salud.

Yo Soy, la perfecta actividad de cada órgano y célula de mi cuerpo y mente. Arcángel Uriel, te amo y bendigo en nombre de la amada Presencia.

Yo Soy te invoco y a las legiones de ángeles de la llama oro-rubí para ascender y sostener las llamas cósmicas de amor sagrado y verdadero manifestado en cada uno de nosotros.

Yo Soy la llama oro-rubí envolviéndome en su paz, gracia, curación y providencia.

Yo Soy la presencia de la bendición y bendigo todo y a todos los que contacte en este día.

Yo Soy el arcángel Uriel de la gracia, curación, paz y provisión.

Yo Soy la abundancia de Dios en la Tierra. Mi mundo contiene toda la infinita opulencia de Dios. Gracias, Padre, porque nuestras necesidades están cubiertas. Yo Soy el rayo violeta que quema y destruye todo lo negativo de las esferas terrestres.

Yo Soy el rayo consumidor que quema y desintegra todo lo negativo dentro de mí, alrededor de mí, en mi atmósfera y en todos los seres que me rodean.

Yo Soy el perdón para todos aquellos que ofenden y humillan.

Amado arcángel Zadquiel y legiones de la llama violeta, los amo y bendigo por enseñarme a utilizar el don de la llama violeta, pleno de amor divino y misericordioso. Acepto el fuego violeta en mí, arde dentro de mi corazón, eres clemencia verdadera siempre, brilla victoriosa a través de mi mente.

Ritual con el sol para prosperidad

Hacer una ofrenda con frutos amarillos y color naranja que representan al sol.

Materiales
Maíz
Naranjas
Limones
Trigo
Girasoles
Una copa con miel de abeja
Tres velas amarillas
Una hoja de papel
Incienso de copal

Procedimiento

El solsticio de verano es el día con más horas de luz del año; se celebra el 24 de junio, día de San Juan. El sol saldrá y se ocultará en el mayor tiempo. Es un día de gran poder para pedir, para cerrar ciclos y para ordenar y limpiar tu casa. Los antiguos celebraban los solsticios como días grandes y de inmensa energía en el universo; al ser un día muy luminoso, nos da la esperanza de que el verano vendrá y de que siempre hay un amanecer. Para el ritual, pondremos entre las velas un papel en el que agradeceremos al universo por todo lo bueno que nos ha sucedido en el año, encenderemos las velas, el incienso de copal y haremos la siguiente invocación.

Yo Soy, riqueza de Dios manifestada para el bienestar de mi vida, la tranquilidad de mi hogar y el descanso que necesito. Yo Soy la sustancia y la opulencia en mi ambiente personal, en todas las cosas constructivas que deseo. Yo Soy la fe para esperar y el autocontrol mental para atraer hacia mí la prosperidad que demando.